AF200534

Als Transfrau leben, jenseits der Norm

Wie genderqueer ist unsere Gesellschaft?

ISBN: 9783744874601

Hiermit bedanke ich mich bei Michael Bartke, der mich tatkräftig bei der Recherche und das Korrigieren des Textes unterstützt hat.
Vielen lieben Dank
Nancy Zecca

Vorwort

Diese Lektüre veranschaulicht wie beheimatete Obrigkeiten, in unserem sogenannten queer-freundlichen Staat, mit Trans-Mann und Trans-Frau umgehen. Derzeit überwiegt jener Anschein, dass diejenige Gesellschaft uns, die, trans, sind, von Mal zu Mal immer mehr akzeptiert. Aber Akzeptanz, ist nicht das, was unsereins fordert: »Nein, wir sprechen von ganz alltäglicher Einbeziehung!« Es wäre noch ein weiter Weg dorthin. Aller Anfang ist schwer, als ALG II Empfänger bestimmt so manchen Hindernissen zu begegnen. Doch als Transfrau ohne Operation oder Hormontherapien ist es insbesondere schwer, sich gegenüber dem Jobcenter Gehör zu verschaffen! Da einem dort mitnichten Fairness widerfährt. Nein, ferner geht so weit, dass man weder um einem psychologischen Gutachten umhinkommt, nicht selten mitsamt solcherlei Resultat, als geistig behindert, ad acta in eine Schublade abgelegt wird, zumal ich ebendiese Zensur für bedenklich halte. Sollte es nicht eher, selbstständig aufgeklärt, heißen. Ich bin eine trans Frau in ihrem letzten Lebensabschnitt.

Unterschied zwischen Transvestit und Crossdresser

Die Motivationen können ganz unterschiedlich sein. Der typische Crossdresser bzw. die Crossdresserin hat jedoch das Bedürfnis gegenteilig zu ihrem biologischen Geschlecht zu erscheinen.

Ob ein Crossdresser als Frau oder Mann angesprochen werden möchte, können wir nur erfahren, wenn wir ihn fragen. Nicht jeder, der die Kleidung des anderen Geschlechts trägt, will auch so angesprochen werden.

Sind Transvestiten & Drags auch Crossdresser?
Der Begriff Transvestit meint das Gleiche wie Crossdresser, es ist nur ein veralteter Begriff, mit welchem Crossdresser ungern bezeichnet werden. Das habe ich hier genauer erklärt: Unterschied zwischen Transvestit & Cross-Dresser.

Transvestiten sind Personen, die gerne Kleidung des anderen Geschlechts tragen. An dieser Aussage sehen wir schon, dass der Begriff „Transvestit" nicht mehr zeitgemäß ist. Denn heute ist es ganz normal, wenn Frauen Männer-Jogginghosen oder Männer enge Jeanshosen oder Jeggings tragen. Zu allem Überfluss ist es sogar normal geworden, wenn sich Männer die Fingernägel lackieren.

Aber ja, es gibt leider immer noch die Thematik: Wieso tragen Männer gerne Frauenkleidung und Frauen gerne Männerkleidung?!

Was unterscheidet einen Transvestiten vom Cross-Dresser? Antwort: Gar nichts. Cross-Dresser ist nur ein modernerer Begriff als Transvestit, der geschaffen wurde, weil der Begriff „Transvestit" bei den meisten Leuten eine gewisse perverse Assoziation hervorruft.

Es gibt andere Meinungen bzw. andere Interpretationen von Transvestismus. Hier wird der Unterschied zum Cross-Dresser hauptsächlich dadurch differenziert, dass ein Cross-Dresser nur so zum Spaß Kleidung des anderen Geschlechts trägt und beim Transvestiten immer persönliche Motivationen, Vorlieben oder Leidenschaften dahinter stecken. Für meinen Geschmack ist diese Differenzierung aber echt ein Stückchen zu penibel.

Quelle: **Queer Fashion.**

Neue Liebe, neues Glück?

Es ist ein aufregender Monat, nicht nur das es endlich Sommer ist, nein auch die Hormone spielen verrückt. Ich bin in diesem Monat fast ausschließlich als Crossdresser unterwegs, sei es auf einem Ausflug zur Schlossburg, oder aber auch privat mit Micha und auch alleine. Es ist so befreiend, früher ging es mir nur um das hin und wieder, ja Outdoor hinausgehen war nie ein Problem. Nein im Gegenteil, von Anfang an habe ich es durchgezogen, egal wie dilettantisch ich aussah. Doch dieser, Monat, Juli hat es in sich, es ist geschehen, woran ich, wir, nie daran dachten, da meine ich Micha und meine Wenigkeit – Nancy. Ich kenne Micha jetzt schon so lange, mir ist es nicht im Geringsten je eingefallen, mit ihm eine Freundschaft zu beginnen, warum ich es nicht wollte weiß ich nicht. Es gab keinen Grund dafür, wir trafen uns öfters, er trägt Zeitungen aus Mittwochs und Freitag, sein Einkommen etwas zu erhöhen, warum auch nicht, besser als vor Langeweile zu sterben. August 2018 war es ein sonniger Tag und extrem heiß, an diesem Tag trafen wir uns auf der Straße, immer wenn Micha und ich uns begegneten, war es vor programmiert, dass es eine sehr lange Unterhaltung wird. Ich begleitete ihn ein Stück des Weges, damit er auch seinen wohlverdienten Feierabend antreten darf. Es ist eine undankbare Tätigkeit, Weiß Gott. Die meisten der Empfänger der kosten losen Zeitung, würdigen nicht die Anstrengung bei so einer Affenhitze, nein im Gegenteil es wird denunziert, auf übelster weise, es wird erst gelobt, in Form einer kleinen materiellen Zuwendung, bei der nächsten Kontrolle angegeben, dass die Zeitung schon wochenlang nicht zugestellt wurde. Ich bin anfangs immer nebenher gelaufen, ab und an gab mir Micha eine Zeitung mit der Ansage, dass ich diese in der Mitte falten soll und in den Briefkasten werfen soll. Ich tat ihm gerne den gefallen. Es begann schleichend, ich durfte mal eine Straße alleine bestücken, es machte mir sogar spaß. Irgendwann war es so weit, dass ich alleine einen Bezirk belieferte. Bis heute mache ich den Freundschaftsdienst. Doch zurück August 2018 ein sehr heißer Arbeitstag ging dem Ende entgegen, Michael kam auf die Idee, etwas Trinken zu Gehen, in der Nähe gibt es einen kleinen Kiosk. Ich dachte mir, bevor ich anderen das Geld in den Rachen schmeiße, da können wir auch zu mir nach Hause gehen, dort Kaffee trinken, ist billiger und gemütlicher und wir können unseren Plausch weiter zelebrieren. Fort an hat es sich nun so ergeben, dass es in der Regel fast jeden Mittwoch ist, dass Michael zu uns, meiner Frau und mir kommt und zu Mittag mit uns speist. Mit der Zeit wurde es immer vertrauter zwischen uns. Micha schlug mal vor etwas gemeinsam zu unternehmen, sonntags mal zusammen Wandern, wenn das Wetter nicht mit spielte, schauten wir Filme mit unserem kleinen Heimkino. Ich war aber nach wie vor überzeugt, dass ich keine Freundschaft anstrebe, was ich auch von Zeit zu Zeit kundgetan habe. Ich habe so viele Enttäuschungen hinter mir, von angeblichen guten Freunden. Das es mir sehr schwerfällt eine solche Beziehung einzugehen. Ich bin der Meinung, Kumpel reicht völlig aus. Es ging eine Weile auf und ab, für das ab ist Nancy in gewisser Weise immer daran schuld, sie ist etwas sonderbar. Michael ist ein anderer Zeitgenosse, beileibe. Ich bin ein moderner Mensch, wenn ich digital kommuniziere, dann erwarte ich von meinem Gegenüber eine Antwort, doch diese kam nicht oder so spät, das wir es auch mit einem Brief mit der Postzustellung tätigen können. So sagte ich, dass es keinen Zweck dient, diese freundschaftliche Beziehung aufrecht zu halten. Micha fiel aus allen Wolken, aber er gab nicht auf, irgendetwas muss es ja geben, dass wir immer zueinanderfinden.

14. Juli 2019

Michael hat mir oft versprochen mal nach Kloster Knechtsteden mit mir zu fahren, es ist eine schöne Gegend. Das Wetter spielte oft nicht mit. Ich war enttäuscht, ich bin ja auch sehr ungeduldig. Aber jetzt war es soweit, es sollte der 14. Juli sein, ich freute mich sehr darauf, ich machte mich Schick, ging als Crossdresser wie zuvor schon sooft. Michael stört es nicht, im Gegenteil er hat seinen Spaß dabei, damit er mich mit seinen Bemerkungen, aus der Bahn werfen kann, er sagt immer wegen der Kleidung, eben das aufreizende, würde er Krallen entwickeln, wie aus dem Film, namens Freddy Krüger.

Ich bin dem nicht abgeneigt, beantworte dies mit einem jähen Ausruf: »Das es sowieso nur leere Versprechungen sind!« Es ist auch nicht erstrebenswert, dass er mir an die Wäsche geht, dafür sind wir zu verschieden, so dachte ich es immer. Aber dieser Sonntag, war anders, harmonisch, Michael ist zu mir anders in seinem Verhalten, er merkt es vielleicht gar nicht, wie lieb er ist zu mir, zuvorkommend, es fühlt sich eher wie ein Date an, als nur ein Ausflug. Ich sehe ihn ab diesen Tag, etwas mit anderen Augen. Meine Gedanken gingen zurück, an diesem Punkt waren wir schon mal, aber die Zeit war eine andere, es war damals viel zu Früh, einen angriff auf seine Person zu starten. Er sagte eh immer, dass ich nicht sein Typ von Mann bin, ich sehe es wahrhaftig, genauso. Und doch ist es eine knisternde Atmosphäre zwischen uns, man sagt im allgemeinen Volksmund, nicht umsonst, Gegensätze ziehen sich an. Ich dachte mir, soll ich es noch einmal versuchen bei ihm, bin mir aber selbst nicht bewusst, warum ich es will.

Mittwoch half ich ihm wieder, bei seiner Arbeit, alles wie gehabt, zwischen 13 und 14 Uhr, erscheint er zum Mittagessen wie immer, alles beim alten. Wir plauderten, dann kam der Zeitpunkt, wo Micha sein Schönheitsnickerchen machen muss, damit er mir beim Schreiben konzentriert helfen kann. Dann arbeiteten wir gemeinsam an meinem Manuskript, irgendwann wurden wir zu Müde, wir legten uns etwas auf dem Sofa, ich habe die Angewohnheit mich immer mit einer Decke zuzudecken. Nur Micha hat keine, so bot ich ihm an, ob er nicht mit darunter möchte, er stutzte, entschied sich dazu, es auszuprobieren. Als wir so nebeneinander lagen, kam in mir das Verlangen auf, ihn zu streicheln, Micha ließ es zu, zu meinem Erstaunen, ich fing an, energischer auf Tuchfühlung zu gehen, seine Reaktion war eindeutig, ich spürte seine Erregung, im gleichen Augenblick, viel es mir wie Schuppen von den Augen, ich bekam ein schlechtes Gewissen, dachte nur, was machst du. Er muss gleich nach Hause fahren, mit seiner Erregung, ich habe es besser, ich bin zu Hause. Erregt bin ich auch. Aber ich muss nicht hinaus gehen. Ich entschuldigte mich, bei ihm, mit einen Kuss auf die Wange, sagte dazu, dass ich ihn gerne Oral verwöhnen möchte, aber ein anderes mal, wir verabredeten uns für Freitag bei ihm zu Hause. Freitag war es dann so weit, ich war wie immer viel zu früh unterwegs, als ich bei Micha angekommen bin, war ich sehr aufgeregt, was wird geschehen, wird es ein uns geben, was wenn er es nicht will, wie wird meine Reaktion sein, es sollte eigentlich nie dazukommen, so haben wir es einmal besprochen, jetzt was nun, wo soll das hinführen. Ich ging auf angriff, habe Erfolg, meine Strategie ging auf. Es war für mich ein so wundervolles Erlebnis, habe mit Micha das erlebt, was ich mit Torsten nie hatte, Zärtlichkeiten, Liebkosungen nicht nur die schnelle Nummer und weg. Es verging die Zeit so schnell, dass wir erstaunt waren, dass es schon so spät war, wir wollten ja noch ein bisschen spazieren gehen, sind wir danach ja auch, Micha wie immer besorgt um mich, dass ich wohlbehalten nach Hause komme. Ich bin gespannt, wo das hinführen wird mit uns. Aber ich sehe Michael mit ganz anderen Augen an, es ist seltsam, aber ich habe bei dem ersten mal, eine Vertrautheit gespürt, wie früher mit meinem besten Freund, es ging uns damals nicht nur um Sex, nein es war im Grunde nur Zeit miteinander zu verbringen. Was kann ich noch dazu sagen, nicht viel, nur das ich Micha lieb habe und er meinen Respekt hat.

Eifersucht provozieren, wie erbärmlich von Micha!

Wir sind zurzeit so drei Wochen zusammen, ich bin im siebten Himmel, was das mit Micha und mir betrifft. Freitag, den 02.08.2019 war ich bei ihm zu Hause, es war so schön mit uns, die Zeit verflog so schnell wieder einmal. Michael wie immer besorgt, dass ich nicht nach Hause finde, er begleitet mich. Er kommt immer noch etwas mit zu uns, wir Essen zusammen, plaudern und wenn es die Situation zulässt, Kuschel ich mich an ihm, noch ein Weilchen, bis er zu sich nach Hause fährt. Auch an diesen Freitag war es so. Wir müssen beide früh aufstehen, ich stehe sowieso sehr früh auf, da ich gegen zwei Uhr in der Nacht anfange, damit ich früh fertig bin, mit dem Zustellen der Zeitungen. Micha kommt etwas später dazu, an diesem Samstagmorgen kam er auch gegen fünf Uhr fünfzehn an. Er berichtete mir, wie er nach Hause kam, waren wohl Kontrolleure der Firma, wo er als Zusteller arbeitet, vor Ort. Diese befragten Michael, über dies und das. Unter den Kontrolleuren muss

wohl ein junger Mann gewesen sein, der wohl sehr gut aussah, angeblich, Michael anlächelte, ihm zugeneigt sei, was
Michael wohl sehr gefiel. So in etwa schilderte Michael es
mir, unverblümt. Ich dachte mir zu dem Zeitpunkt, noch
nichts dabei. Er wiederholte es so einige Male noch, weil er
weiter erzählte, wenn Micha in seinen Redefluss ist, hält
dieser sehr lange an. Es kam an der Zeit, wo wir uns trennen, ich mache in meiner alten Heimat weiter, mit der Zu-
stellung, Micha geht in einen anderen Bezirk, doch zu vor
gehen wir, an einer Tankstelle frühstücken als einen verlän-
gerten Abschied. In der Regel sehen wir uns erst wieder,
am nächsten Mittwoch. Kurz bevor wir uns verabschiede-
ten, kam Micha noch mal auf dem Punkt, mit dem jungen
Kontrolleur zu sprechen, er sagte: »Das er ihn, den jungen
Mann, so heiß gefunden hat, dass er ihn gerne mit zu sich
in seine Wohnung genommen hätte.« Ich drehte mich jäh
um und ging, er lachte, schüttelte seinen Kopf, in seinen
Augen war es angeblich nicht so ernst gemeint, ich ging
noch einmal zurück, verabschiedete Michael, mit einen
Kuss auf die Wange. Micha wollte mich noch ein bisschen
begleiten, was ich aber nicht wollte, er sollte meine Tränen
nicht sehen. Denn was er zuvor von sich gegeben hat, traf
mich mitten ins Herz, den ganzen Weg, bis nach Hause
weinte ich bitterlich. Den Tag zuvor noch so glücklich, mit
einem Mal alles vorbei. Reiche ich ihm nicht, so meine fra-
genden Gedanken? Ich lasse ihm doch seine Freiheit, so
wie er mir meine, obwohl ich es lieber hätte mit ihm viel

mehr Zeit zu verbringen, weil ich in sehr lieb habe. Aber anscheinend bin ich nicht gut genug, in mir brodelt es. Ich dachte über alles noch einmal in ruhe nach. Warum hat er sich denn auf mich eingelassen, wenn er es nicht ernst meint. Wenn das jetzt aus ist, obwohl es noch gar nicht richtig angefangen hat. Dann ist es für mich jedenfalls alles aus, dann gestatte ich keine Besuche zu uns mehr. Ich dachte, Michael hat Erfahrungen, wäre ein gestandenes Mannsbild, aber das, was er mit mir jetzt gemacht hat, ist mit einem Wort zu klären, erbärmlich. Ich schreib es mir hier von der Seele, bin wieder einmal dabei, am Weinen, so hat es mich getroffen, kann ich es ihm verzeihen? Ich weiß es im Moment nicht. Ich weiß, dass ich keinen Besitz – Anspruch an ihm habe, so wie er es auch nicht an mir. Wenn er solche Gedanken hat, wenn er jemanden, sehr attraktiv findet, dann soll er es für sich behalten, aber mich eifersüchtig machen wollen, mich kränken zu wollen, wozu? Hat er so wenig Selbstvertrauen, will er ständig zu hören bekommen, wie ich zu ihm stehe? Wie sehr ich ihn mag? Hier beteuert er, dass er mich mag, dass es so weiter gehen kann mit uns, über Jahre hinweg, im gleichen Augenblick verletzt er mich aufs Tiefste. Ich habe einen sehr schönen Samstag gehabt, einen Nervenzusammenbruch vom feinsten, so hat mich das getroffen. Ich schäme mich nicht für all die Tränen, die geflossen sind, ich stehe zu meinen Gefühlen, ich besitze die Reife dazu. Und doch denke ich immer an Micha, ich habe ihn trotzdem lieb, aber ob es eine Zukunft geben wird mit uns, wird die Zeit mit sich bringen.

Versöhnung oder Abschied?

Montag, den 05.08.2019, ich stehe gegen 5 Uhr früh auf. Die Gedanken lassen mich nicht los, sie kreisen in meinem Kopf ständig umher, die Frage nach dem Warum. Aus welchen Grund hat er mich in dieser Weise verletzt? Ich ziehe mich an, gehe Laufen, muss den Kopf freibekommen. Als ich zu Hause ankam, sendete ich eine SMS an Micha, ich wollte eine Versöhnung mit ihm. Es kam erst nichts zurück, man kennt das ohnehin von Micha! Es wurde Nachmittag. Bald kam eine Antwort, das er sich entschuldigt für das, was er mir angetan hat, seine fadenscheinigen Ausflüchte die nichts im Zusammenhang mit der aktuellen Situation zu tun haben. Er simste, er möchte einkaufen und sei weiterhin online. Ich sprang über meinen Schatten, habe ihn angerufen. Er war sofort am Telefon, als hätte er darauf gewartet. Ich fragte Micha, ob er ein wenig Zeit hat, das ich Auge in Auge mit ihm Reden will. Wir trafen uns, nahe seiner Behausung. Bei dem Anblick von ihm eilten mir in absehbarer Zeit die Tränen in die Augen. Es war in diesem Fall ein bewegend unpoetisches Begrüßungsritual. Micha redete wie ein Wasserfall. Er sagte etwa: »Oh, genau im richtigen Moment. Ich bin im Geschäft vor eine Wand gelaufen und dem Weinen nah. So hat mich das mitgenommen, das Telefonat mit dir«, derart das ich schluchzte. Mit solcher emotionaler Situation war Micha hoffnungslos in den Augenblick überfordert. Ich machte ihm behutsam verstehbar, ich meine es aufs Äußerste ernst, dass ich ihn liebe. Wahrscheinlich nahm er es unabhängig davon, nicht auf die Art ernst. Er sagte: »Meinerseits habe der Entschluss in der Luft gelegen, mit dir Schluss zu machen, weil du oft wegen Nichtigkeiten beleidigt bist.« Ich unterbrach ihn, ich beteuerte, dass ich es aufrichtig ernst meine und ich die Reife besitze es auszudrücken. Ich weinte bitterlich, Micha fing desgleichen an. Er sagte: »Ich kann das nicht, ich will dich nicht verlieren!« Ich antwortete: »Das will ich auch nicht.« Er vertraute mir weiterhin an: » Das er um keinen Preis weinte, wenn eine Beziehung endete, schon gar nicht um einen Mann.« Ich sagte: »Komm, setze dich zu mir.« Wir weinten gemeinsam, gingen später gemeinsam spazieren und wir küssten uns. Er brachte mich zu jener Zeit nach Hause, da bewegte mich lebhaft die Frage, warum er mir das angetan hat? Micha wusste es ebenso nicht besser. Meiner Auffassung nach, denke ich, er wollte testen, ob ich eifersüchtig werde. In diesem Fall, könnte es ihm verraten, was ich in Wirklichkeit für dies jene Beziehung empfinde. Männer und Gefühle zeigen, eine Blamage! Ich habe ihm verziehen. Trotzdem tat es weh. Wären wir länger in einer festen Beziehung gewesen und er daneben versucht, hätte mich eifersüchtig zu machen, das sei für mich verständlicher. Aber nicht in den ersten drei Wochen. Ich stelle jetzt Bedingungen an ihn, ich will viel mehr Zeit mit ihm haben. Strafe muss nun mal sein!

11.08.2019 Wandern

Sonntag sieben Uhr frühmorgens. Ich bin an diesen Sonntag mit Michael meinen Liebsten verabredet zum Wandern. Ich stehe wie immer sehr früh auf, da ich mich ja auch, auftakeln muss, dieses sehr Zeit aufwendig ist. Gegen zehn Uhr fünfzig treffen wir uns, an der Haltestelle-Talsperrenweg. Seit vergangenen Freitag ist alles so wundervoll zwischen uns, wir schwingen in Harmonie miteinander.

Aber zurück zu diesem wundervollen Sonntagmorgen.

Ich habe mich schick, zu recht gemacht. Es ist schon normal für mich, in einem Kleid in der Öffentlichkeit mich sehen zu lassen, so auch in öffentlichen Verkehrsmittel. Die Busfahrer kennen mich schon, da ich öfters alleine so gestylt mit ihnen gefahren bin, es sind auch noch ex Kollegen von mir dabei aus einer früheren Beschäftigung bei dem Busunternehmen der Stadtwerke Remscheid. So wird man von den Chauffeuren mit einem respektierlichen freundlichen Hallo begrüßt, aber ich kenn auch brummige Gesellen darunter. Dies hat nichts mit mir zu tun, es ist ihre Art eben, morgens muffelig zu sein, ich kann das beurteilen, da ich diese Beschäftigung auch nicht gerne getätigt habe. Wir sind unterwegs nach Remscheid zu Friedrich – Ebertplatz, nehmen dort die Buslinie 615 Richtung Wuppertal. Michael möchte mir die Gegend zeigen, wo er bei seinen Großeltern von Zeit zu Zeit mit seiner Schwester aufgewachsen ist. Ich höre mir seine Erzählungen gerne mit großem Interesse an. Wir gehen Hand in Hand durch den Wald, Reiterinnen kommen uns freundlich entgegen, grüßen uns mit einem Lächeln auf ihren Lippen. Es ist doch sehr mühselig, mit den Pumps hier im Wald zu gehen, da kommt eine kleine Pause uns gerade recht. Wir machen ein kleines Picknick, gestärkt gehen wir weiter, ich muss mir nur vorher noch die Sandalen anziehen, da ich merkte, dass sich eine Blase an den Zehen, sich ankündigte. Michael hat die Idee zum botanischen Garten, in Wuppertal zu gehen, es bot sich an, dieses mit der Schwebebahn zu verwirklichen. Als wir nach einer kleinen Weile mit der Bahn, endlich die Haltestelle zu dem botanischen Garten erreichten, kam zu meiner Überraschung noch ein Hindernis in Form von Treppenstufen, ohne ein sichtliches ende auf mich zu. Ich war nicht mehr so angetan von der Idee hier zu verweilen, aber ich wurde eines besseren belehrt, als wir endlich die Treppe hinter uns gelassen haben kam Michael mit der Sprache heraus, dass hier auch vor dem botanischen Garten ein Bus halten würde, er betone es nur, falls wir es noch einmal vorhaben würden hierher zu kommen, ich du Halunke, kannst du das nicht vorher sagen. Michael hat es sichtlich Spaß gemacht, mich zu veräppeln. Micha zeigte mir den Park, es war dort eine Aussichtsplattform, wieder Treppenstufen, die diese Bezeichnung eigentlich nicht verdienten, es war sehr eng dort, man musste, aufpassen nicht von anderen entgegenkommenden Besuchern, von diese angerempelt zu werden. Als wir oben ankamen, war die vergangene Schinderei wie weggeblasen.

Ausblicke

Der Ausblick ist bildschön, über das besagte Areal.

Wir gingen von dort zum Tropenhaus.

Michael war in seinem Element, er ist ein leidenschaftlicher Erzähler, bei diesem Thema ist er in seinem Element. Ich dagegen als leihe bin diesem Thema nicht so sehr zugetan, dennoch höhre ich seinen Erzählungen sehr gerne zu.

Ein weiterer schöner Tag ist erwähnenswert für unsere Erinnerungen: Ein herrlicher Sonntag, wieder sind wir wie so oft zuvor, auf Wanderschaft. Ja, das Wandern verbindet uns. Wir lieben die Natur und Michael liebt diese in einer Art und Weise mehr wie ich, es ist seine Passion, jedes noch so kleine Gewächs akribisch zu untersuchen. Manchmal bin ich genervt davon, mit eiligen Wanderschritten, wo ich Mühe habe, mitzuhalten, während ich mich in meinen Damenschuhen abquäle. Dann unvermittelt eine Viertelstunde Pause folgt, um Michas nicht gerade interessanten Belehrungen zu lauschen. Trotz alledem liebe ich diese gemeinsamen Augenblicke, zumal wir zwischendurch eine geruhsame Rast machen.

So in Zweisamkeit, in Ruhe und Ehrfurcht vor der Natur. Im Genuss, jener Lichtspektren, Sonnenstrahlen, die durch das Blattwerk des Waldes, eine zauberhafte Stimmung erzeugt. Wir verfallen zutiefst, diesem mystisch, magischen Moment. Es beflügelt die eigene Fantasie, verleitet zu spiritistischen Gedanken, jenes doch mehr dahinter stecken möge, als einzig die Evolution.

Den Moment mussten wir fotografisch festhalten. Ich war überglücklich, solche Sphäre im Wald von Kloster Knechtenden mit meinem Liebsten teilen zu dürfen.

Nach so schöner Wanderung kehren wir natürlich, schon mal ein. Wir freuen uns auf ein schönes gezapftes Schwarzbier, und eine deftige Mahlzeit, da sind die Strapazen, unter mäßig tauglichen Schuhwerk, wie weggeblasen. Es sind die kleinen Momente, die das Leben so lebenswert machen.

In einer Liebesbeziehung geht es immer auf und ab. Ich bin ein Mann in einer Rolle als Frau, bin da auch schon mal zickig, launenhaft und gebe das gerne zu. Allerdings verspüre ich mittlerweile Argwohn in unserer Beziehung. Die Zeit wird es mit sich bringen, ob es ein Uns weiterhin geben wird. Ich gebe ein Versprechen an Michael Bartke, der mir bei diesem Werk, mit viel Geduld geholfen hat. Was mit einer Gefälligkeit begann, endete mit Liebe und Leidenschaft.

Ein Versprechen meinerseits an dich mein Liebster. Du weißt, dass ich manchmal impulsiv bin. Im Allgemeinen gebe ich zu schnell auf, was ich damit sagen will, es ist augenblicklich alles ziemlich zerbrechlich zwischen uns.

Es kam an einen Sonntag fast zu einem Bruch zwischen Uns. Ich war an diesen Tag ein wenig betrübt. Aber denke, ich war im Recht, selbst wenn einer nicht die harmonische Beziehung in der Vergangenheit genossen hat, gibt es ihm nicht die Freiheit, einen grundlos zu verletzen. Es ist klar, dass wir beide es nicht leicht mit unseren Eltern hatten. Wir haben uns an einen Punkt begeben, voneinander zu lernen. Ich gebe mein Versprechen an dich hier und jetzt, dass ich noch nie nach in dieser kurzen Zeit einen Menschen geliebt habe wie dich Michael. Ich sage, dass ich dich liebe, es mir vorstellen kann, mit dir zu leben, und es mir von Herzen wünsche, mit dir bis zum Ende unserer Lebenszeit vereint zu sein. Habe dich gefragt, ob du mein Mann sein willst, du hast mit einem, Ja, geantwortet. Bedauerlicherweise ist alles viel komplizierter, da ich einer Person einen Schwur leistete und an diesem Ehrenwort gebunden bin. Wer wäre ich, dieses zu brechen. Du sagst, das ist nicht richtig derlei zu tun. Da würden in dir eines Tages Zweifel aufkommen, ob das Versprechen an dich ehrlich gewesen war, weil ich es schon einmal gebrochen habe! Deshalb bitte ich dich um Verständnis, das ich meine Frau nicht nach über dreißig Jahren Ehe ohne Weiteres verlassen kann.

Es ist erschreckend, wie zerbrechlich alles im Leben sein kann.

Ich verspreche dir, dass ich es versuchen werde, mich in Geduld zu üben, mein Bestes zu geben und weiter an uns glauben. Du musst mir helfen, wenn ich den gemeinsamen Pfad verlasse, wie ich dir helfen würde!

COVID 19

Samstag 14. März: Massenpanik, aufgrund Virusseuche Namens ›Corona‹, spürbar mitten unter uns angekommen! ›Corona‹, COVID 19, aufkeimend erwacht, aus China, dank Globalisierung, Mitte Januar hierzulande invasiv eingeschleppt. Hierselbst erwächst ungetrübt bitter, erkennbar, derart heilig gelobte, schrankenlose Welthandel stößt an existenzielle Grenzen. Im Speziellen extravagant wahrnehmbar, jener Bereich des öffentlichen Linienbusverkehrs: Ab sofort kein Fahrscheinverkauf beim Fahrer, keine Kontrollen, Raumtrennung zwischen Personal und Fahrgästen. Angekündigte Veranstaltungen, Konzerte ebenso Kinoprogramme erfolgen unvorhergesehen ausgesetzt. Alle religiösen Andachten eingeschränkt. Schul-, sowohl Kindertagesstättenbetrieb voraussichtlich bis nach den Osterferien binnen NRW wegen dieser unerforschten Seuchenpandemie eingestellt. Angeblich erleidet vor allem unsere hiesige, rein auf ewigen Rekordgewinn strukturierte Feudalwirtschaft empfindlichste Verluste. Unter Umständen berechtigte Hysterie oder undurchschaubarer Vorwand? Hierdurch pudern pauschal tonangebende Machtkomödianten wiederum jene Dauernutznießer seitens skrupelloser Niedriglohn-Renommees, auf Kosten steuerzahlender Großteile der Solidargemeinschaft. Man könnte annehmen, es herrscht Gauzustand. Medien sagen vorweg, verzichtbare Kontakte zu anderen Menschen sollten strikt vermieden werden. Hier ergibt sich mein vermeintlicher Trumpf: Vorausberechenbare Schikane-Maßnahmen, was somit unflätige JC-Zitierung anbelangt, zumindest wegen Seuchenhysterie, bis Mai abgeblasen. ›Corona‹ sei dank. Fluch oder Segen, man weiß es nicht!

Kalenderwoche 12, Donnerstag 19. März: Hierselbst vor Ort sind alle inadäquaten Geschäfte, Einkaufscenter, Stadtbibliotheken, Theater, Museen, Fitnessstudios, Freudenhäuser, Saunabäder, Sportstätten, Schwimmbäder, Spielplätze, Disco, Tanzlokale ebenso Behörden geschlossen. Gartencenter, Baumärkte mitgerechnet, erfolgen noch geöffnet. Ordnungsamtsstreifen im inneren Stadtbereich illustrieren sich eindrucksvoll verstärkt. Treffen aus mehr als zehn Personen, um sozialer Kontakte willen, untersagt. Parkplätze innerhalb unserer City gähnend leer, wie auch das lokale Stadtzentrum. Auf behördlicher Weisung dürfen nichts anderes als Verkaufsstellen der lebensnotwendigsten Daseinsfürsorge, Friseure so auch Geldinstitute öffnen. Weitläufig legen Einzelhändler nahe, möglichst bargeldlos den Kauf abzugelten, zwecks Senkung der Infektionsrate aufgrund dieser unbekannten, dazu noch höchstansteckenden Seuche. Regional ansässige Konsumhandelsketten flehen mittels Lautsprecheransagen zugegen ihrer Kundschaft, gänzlich haushaltsübliche Mengen käuflich zu erwerben, da zwischendurch hinreichende Warenlieferungen eintreffen. Aber bei Behindertenwerkstätten laufen derlei Arbeitsabläufe weiterhin normal fort. Erlaubt sei Behörden- ebenso

Sozialleistungsdienststellen, ausschließlich im alleräußersten Notfall persönlich aufzusuchen. Politiker sagen, es gab seit dem Zweiten Weltkrieg noch nie so derartig starke Einschränkungen der öffentlichen Freizügigkeit, wegen ebendieser vorgeblich weltweiten Viren-Epidemie. Unbeirrt bietet weltweite ›Corona‹ Pandemie, aufgelistet unter Covid 19 Symptom oder SARS Co V 2 Virus, gleichermaßen Vorzüge: Die Skrupel des patriarchalisch, deregulierten, globalen Freihandels, zum puren Vorteil jener versnobten Minderheit seitens großkapitalistischer Randgruppen tragen angemessener, medienwirksam, allgemein breitere Stellungnahmen davon. Die seit Längerem öffentlich substanziellen Auseinandersetzungen im Hinblick des unbegrenzten Wirtschaftswachstums. Global sozialwissenschaftliches Forschen nach wesensverschiedenen Weltideologien, ungeachtet vorherrschender Denkmodelle unserer Zeit, jener dominierend entfesselten Weltwirtschaftsentfaltung. Auffälliges Beispiel: die mannigfachen Kontroversen zur Thematik, bedingungsloses Grundeinkommen.

Kalenderwoche 13, Montag 23. März: Sozialleistungsbehörden halten ab sofort bei der Vermögensprüfung ihrer Bedürftigen inne, verlauten die Medienschlagzeilen des Tages. Daneben diffamierende Maßnahmen im Sinne zwecks Disziplinierung zu regelmäßiger Tagesstruktur, das heißt, derartige Hilfestellung ihrer Sozialgeldbezieher, ist seitens Sozialleistungsträger urplötzlich aufgegeben. Öffentlicher Linienbusverkehr vor Ort spürt abrupt breitere

Abstriche. Urbane Regionen menschenleer, wo sonst hektisches Treiben passiert. Auf ein oder andere Weise scheint abhängig davon eine Inspiration von untypisch gemeinschaftlicher Gelassenheit unter all den Menschen ausgeprägter wahrnehmbar, wie ich es mein Lebtag nicht kannte. Panik binnen gewohnten Territoriums spärlichst sichtbar, aber alle Massenmedien entfachen pausenlos schlimmste Horrorapokalypsen. Landesweit wurde unnötiges Beisammensein mit mehr als zwei Personen im öffentlichen Bereich verboten, ausgenommen, Angehörige aus einem gemeinsamen Hausstand einschließlich Lebenspartner. Friseure, Spielhallen, Sportwettenfilialen, Gaststättengewerbe, Pfand- und Leihhäuser laut amtlicher Maßregel ab heute geschlossen. Privatwohnungen dürfen nur zum Zweck regulärer Besorgungen sowie Verpflichtungen, Arbeiten, Ausführen von Haustieren, Sport und Bewegung in frischer Luft verlassen werden. Mindestabstand 1 Meter 50 zwischen Personen einzuhalten. Bei Verstoß gegen derlei Anordnung drohen Sanktionen bis zu 5 Jahre Haft oder 25 Tausend € Bußgeld.

Kalenderwoche 14, Dienstag 31. März: Das autorisierte Jobcenter gibt mir mit dem Anschreiben gestrigen Datums folgenden Bescheid: Durch Corona-Virus sei der Zugang zu ebendieser kommunalen Verwaltung nicht gewährleistet. Mitsamt behaglichen Anreiz, über kurz oder lang, meinen notwendigen Pflichten onlinegerecht nachzukommen. Dazu nebst diskret gnädigen Rat, den Weg zum Amt, daneben

Porto zu sparen. Digitale Übermittlung meiner Wünsche, wortgetreu: Kämen, gleichgültig, bei welchen Wetter auch immer, zuhause vom eigenen, behaglichen Sofa, bequem und ohne Verzug in Bearbeitung, verglichen mit der altüberlieferten Verfahrensweise. Und das geschah noch absolut ohne Androhung von Rechtsfolgen. Erziehen da Agenda 2010-Vollstrecker, endlich Arbeitslose in Richtung Faulheit, gemäß dem Motto: Pädagogik kraft vergeltender Digitalisierung, statt analoge Drangsalierung?! Ja, so können sich eben die Zeiten ändern!

Trotz Corona-Pandemie ging die Arbeitslosigkeit zurück, triumphierten Schlagzeilen jener Nürnberger Arbeitsanstalt. Ach Gottchen, welch ein beschwingter Quartalsausklang!

Corona repräsentiert eher eine Anusinfektion im wiedervereinigten Deutschland, was diese bundesweit entsetzlichste Klopapier-Krise offenbar verdeutlicht. Doch es ist weltweit eindeutig eine stichhaltig, erstmalig, natürlich oder künstlich aufgekeimt höchstgefährliche Lungenkrankheit.

Kleinkariert politische Debatten, zum strittigen Punkt Kopftuch-, Vermummungs- und Burkaverbot halber, wie einst vor Covid 19-Zeitalter, ab heute, passé. Womöglich ordnen tonangebende Machtkomödianten bald eine ausnahmslose Maskerade in Einkaufszentren, Geschäften, Speiselokalen, Kneipen, Hotels, Jugendherbergen, Bildungsstätten, Kitas, Tanzlokale, Sportstätten, Fitnessstudios, öffentlichen Verkehrsmitteln, Behörden, inmitten von Imbissbuden und Wochenmärkten an.

Ab dem 20. April erfolgten die Lockerungen dieser Ausgangsbeschränkung, vor Ort nur lächerlich spürbar. Inadäquate Geschäfte mit mehr als 800 qm dürfen wieder öffnen. Ebenso Fahrradhändler desgleichen Autoverkauf.

Zoologische-, botanische Gärten, religiöse Gemeinden sowie Weiteres öffnet wieder ab ersten Montag im Mai, unter Einhaltung bestehender Hygieneregeln. NRWs Landesvater, Armin Laschet, mahnt, nach dem Ende dieser Corona-Krise, eine neue Normalität an.

Mitte Mai 2020: Mein mulmiges Bauchgefühl, seit dem ersten Beschneiden unserer Freizügigkeit: Tonangebende Machtkomödianten könnten wegen Corona-Ausflüchte das Wahlrecht ändern! Laut Medienmeldungen vom Landesrundfunk tritt zutage, tatsächlich sinnt unser konservativer Regierungsmob, um dergleichen faule Ausrede willen, Aufschub bei politischen Wahlen zu erwirken, ja obendrein den Gang zur Wahlurne abzuschaffen. Problem: Unsere aalglatten Funktionäre trachten insgeheim nach einer Verfassungsänderung.

2. Juni-Montag: Studienentwürfe seitens Allgemeiner Ortskrankenkasse, (AOK), fernerhin vom Düsseldorfer Universitätsklinikum, enthüllen, bei Hartz IV-Empfänger zeigen Covid 19-Symptome einen schlimmeren Verlauf als unter regelmäßig Beschäftigten. Angeblich geht hierselbst hervor, 84 % aller Corona-Fälle, welche dringend einen Krankenhausaufenthalt brauchen, machen, (ALG II), Arbeitslosengeld 2-Bezieher aus.

Juli 2020: Anlass zur Freude bietet, die aktuell tollste Mehrwertsteuer-Schenkung. Ausschlaggebende Lebensmittelhandelsketten erhöhten gerade noch rechtzeitig im letzten Ex-Quartal zweckdienlich die Preise der lebensnotwendigsten Daseinsfürsorge; denn sonst wäre ja nichts da, was diese GroKo ihren zufriedenen Untertanen, hätte gönnen können. Sämtliche politische Beteuerungen verlaufen im Sinne der wahrhaftig anständigen Mehrheit immerfort ins Leere. Steueroasen zuliebe leidgeplagter Eliteschichten inmitten von unserer Gesellschaft wurden erfolgreich bekämpft! Greifbare Zusicherungen setzten tonangebende Machtkomödianten hier sinngemäß wieselflink um, legale Steuervermeidung, anstatt illegale Steuerhinterziehung. Ja, auf solch geistreiche Tricks muss man mal kommen! Für mich genug Beweis, derzeitige GroKo ist, bei ohnehin so taktvollen Feingeschmack, gewiss doch handlungsfähig. Ebendiese Staatskunst, Gewinne zu privatisieren, dahingegen Verluste solidarisieren, wird dementsprechend aufgrund jener konservativ gebildeten Allgemeinheit hierzulande, durchweg akzeptiert. Experten warnen federführende Politiker vor dem weiteren Ausdünnen unserer Grundrechte, wegen Corona.

28. Julitag: Im Ruhrgebiet ansässige JC haben neue Maßnahmen ausgetüftelt, welche bald beginnen. Es soll auf eine Integration zum Verwaltungsfachangestellten im Öffentlichen Dienst, für junge alleinerziehende Hartz IV-Geldbezieher hinauslaufen, was voraussichtlich mitten unter diplomiert sozialpädagogischer Aufsicht vonstattengeht. Könnte das, womöglich Indiz sein, dass auch bald bei uns Maßnahmen anlaufen?

Gespräche mit Sexarbeiterinnen aus den Medien ergaben, wegen Corona geschehe solcherart Tätigkeit deutschlandweit, außer in Bayern, als nicht erlaubt. Derlei Betroffenen verweigern öffentliche Sozialleistungsträger zustehende Sozialleistungen, obwohl praktisch alle in diesem horizontalen Gewerbe Steuern und Sozialversicherungspflichtbeiträge bezahlten. Sexarbeit wird vom Staat, wegen besonderer Umstände halber, zur Illegalität abgedrängt. Was kann man wohl für aussichtsreiche Verschönerungen vom Abstellgleis, Leiharbeit, erwarten?

Hiesiger Landesrundfunk gab gegen Monatsneige bekannt: Die Stadt Remscheid hat binnen NRW das unvergleichlich abrupt, gründlichst funktionierende öffentliche Verwaltungssystem. Allenfalls, eine gehörig über alle Maßen ungeschickte Schärfe, um vermeintlich solch kreativen Corona-Bazillus kraft grau erregender Amtsstuben-Lethargie spektakulärer, in die Mangel, zu nehmen! Was für ein irrer Sommer-Endkampf 2020!

3. September 2020: Größtes Puff Europas, das Pascha in Köln ist pleite. Ob dortige Betriebsamkeit wieder anläuft, bleibt womöglich ungeklärt. Christiane Koch, Vorsitzende vom Bundesverband aller Liebesdienerinnen, offenbart jene Tatsache, wenn Großbordelle wirtschaftlich verfallen, hat es unangenehme Folgen für davon betroffene Kommunen, vor allem leidtragend, dünken dort niedergelassene Sexarbeiterinnen dahin. Sie müssen fatalerweise zur Illegalität abstürzen oder in kleineren Etablissements schaffen, meistens unter viel schlimmeren Begleitumständen. Andererteils sind ansehnlich viele Freudenhausdienerinnen drogenabhängig. Sollten kolossale Freudenhochhäuser sich als zahlungsunfähig ergeben, so kommt es zu einer erhöhten Belastung des kommunalen Haushalts; dadurch brechen ebendiesen Städten und Gemeinden erforderliche Einnahmen, aufgrund Abgaben, Gebühren, einschließlich Steuern, weg. Manche herkömmliche Arbeitgeber geloben zum jetzigen Zeitpunkt, ehemaligen Liebesdienerinnen sogar Aussicht auf eine normale Anstellung. Orakelt da etwa derlei rückwärtsgewandte Rangordnung, jetzt die Umkehr, in Richtung, Vorwärts-Gang?

Anlässlich akut jetzt im Dezemberauftakt abermals schlimmer grassierender SARS Co V 2 Virus-Pandemie werden wiederum versäumte Vorsätze umrissen, dass sich unsere Wirtschaft sozial gerechter, außerdem ökologischer gestalten muss. Einerseits stammen jene positiven Dogmen folgerichtig niemals von unseren tonangebenden Machtkomödianten, anderseits…

…kommts womöglich noch säbelrasselnd martialischer: Wegen Corona flippen sämtliche tonangebende Machtkomödianten, insbesondere hier vor Ort, jetzt völlig aus, zeigt derlei Lokalzeitungskolumne vom ersten zurückliegenden Novembersamstag. Ein Professor Doktor Wolfgang Kleinebrink, aufseiten solcherlei strukturkonservativen Vereinigung, Bergischer Unternehmerverbände, veröffentlichte von sich selbst überzeugt seinen zweifelhaften Aufsatz mit dem Titel: »Arbeitsrechtliche Sanktionen bei einem Verstoß eines Arbeitnehmers gegen Corona-Schutzvorschriften.« In diesem Zusammenhang kommt jener verrückte Professor zu solchermaßen einschlagend tollpatschigen Geistesblitz, dass Arbeitgeber Corona-Verstöße ihrer Arbeitnehmer, auch in deren Freizeit, ahnden müssen. Und das in vielen Fällen mit einer fristlosen Kündigung. Allein schon Corona-Leugnen kann bereits als arbeitsrechtlicher Delikt gelten. Nach Auffassung dieses arbeitgeberverfechtenden Ordinär-Ordinarius sei es angemessen, dass unsere Meinungsfreiheit nicht uneingeschränkt ist. Wahrscheinlich mal wieder solche gewöhnliche Rage gegen jene hart arbeitenden Niedriglohnproleten. Haben derart aufgeplusterte Chefs da etwa Angst, dass irgendein geringfügiges Subjekt womöglich deren Autorität untergräbt? Versuchen sie triebbedingt, ohne Ausnahme alle Untergebenen anpeitschend verschärfter zu demoralisieren, per unprofessionelles Ablenken, dank ihrer eigenverschuldeten Bloßstellung? Ebendieser Narrenpossenvorgeschmack gibt desgleichen trauriges Zeugnis ab, wobei bewundernswerte Einfalt, auch geradezu inmitten von aalglatt avantgardistischen Intelligenzlern aufkeimen kann. Oh Herrgott behüte doch alle ehrlich Arbeitenden, vor derlei triviale rechtswidrige Klientel-Fittiche gegen Schlussakt 2020!

Mitte Dezember 2020: Ab sofort sind wieder einmal alle Non-Food-Geschäfte, einbegriffen Baumaterialeinzelhändler, dazu kulturelle Schauplätze, Corona halber, geschlossen.

Unsere Stadtverwaltung rührt soeben mit allerlei Tamtam dergestalt Werbetrommel: ›Kaufe und genieße Lokal‹, örtlichen Gaststätten entgegenzukommen, indem ebendiese aufgesucht werden, um dort außerdem urgemütlich einzukehren. Entsprechend hierauf Bezug nehmende Türkkampagne erscheint außergewöhnlich klar auf den städtischen Autobussen. Jedoch eines zweiten Blicks gewürdigt offenbart jener Schwank hiesiger Beamten, sich heute als absurd unvergleichlicher Knaller; denn unmissverständlich, diejenigen, ansonsten haargenau amtsstubenpraktizierenden Korinthenkacker haben per Anordnung ihrerseits, ausnahmslos sämtliche Wirtschaften stillgelegt. Davon abgesehen, wie mag wohl künftig je ein anständiges Geschöpf, mitsamt immerfort weiter rückläufigen Alimenten, sich dergleichen Galadinner im Gourmettempel, noch gönnen können?

Eine Woche vor Weihnachtsendetappe sorgt Bild-Zeitung in einer alarmierenden Textpassage mit dem Humangenetiker Prof. Dr. Wolfram Henn für weitverbreitete Empörung, in puncto, Corona-Impfgegner. Laut diesem Boulevardblättchen plädiert dieser obengenannte Ethikrat-Professor an alle Impfverweigerer, im Krankheitsfall auf sämtliche Notfallmaßnahmen zu verzichten. Nach Bilddarstellung soll Henn gesagt haben: »Wer partout das Impfen verweigert, der sollte doch bitte schön, auch ständig ein Dokument bei sich tragen mit der Aufschrift: »Ich will nicht geimpft werden. Ich will, wenn ich krank werde, mein Intensivbett anderen überlassen«.« Wahrheit oder Lüge, bei Axel Cäsar Springer Printerzeugnissen ist das ohnehin so ein berüchtigtes Thema. Aber ohne Widerrede, ein sarkastischer Giftzettel gegen unsere altbewährte, allgemeingültige moralische Sittensnorm!

Kaum gibt es angeblich eine erfolgversprechende SARS Co V 2 – Impfung, schon wird binnen Gesamtgesellschaft und Politik knallhart über Sonderrechte für Geimpfte öffentlich debattiert, inklusive polemischer Empörung. Hierzulande bekennt sich derzeit die Hälfte unserer konservativ geprägten Bevölkerung für eine Verunglimpfung Nicht-Geimpfter, enthüllte jene geläufige Radioshow Tagesgespräche des lokalen Landesrundfunks. Offenkundig lässt ebendieses bisher noch nie da gewesene Impfstoff-Experiment dergestalt Corona bedingte Poröse im Hirnkasten, inmitten unter unserer gutbürgerlich erzogenen Masse, hitzig fortschreiten. Meines Erachtens müsste sich doch eigentlich unsere wohlstandsverwöhnte Überflussgesellschaft infolgedessen dieses zuversichtlichen Geschenks freuen, dass es gerade eben überhaupt solchermaßen erfolgversprechende Bescherung, in ohnehin so beeindruckender Ratzfatz-Entwicklungszeit, gibt!

Eine Wahrsagerin aus Düsseldorf, nominatim, Esmeralda, prophezeit per Kartenschlag für 2021: Wir alle wollen gehalten sein, möglichst gut durchzukommen. Das Jahr 2020 getreu dem Motto: Silvesterparty trotz Corona gebongt; aber lass Dich bloß nicht von ehrgeizigen Gesetzeshütern erwischen und erst recht auf gar keinen Fall, beim ballern! Trotz alldem, jener abenteuerliche Jahrgang war keinesfalls schlecht. Prost Mahlzeit, oje…

März 2021: Corona bändigt psychologische Kriegsführung gegen Hilfsbedürftige!

Alle tonangebenden Machtkomödianten und solcher autoritätsgläubige Großteil unserer Gesellschaft heutzutage, drehen mehr denn je am Rad. Gemäß Infratest DIMA purzeln hierzulande jene Beliebtheitswerte schlechthin, für die irgendeinmal von den Untertanen favorisiertesten Politiker. Eine außergewöhnlich allgemeine Unzufriedenheit, aufgrund der Corona-Maßregeln macht sich breit.

Kalenderwoche 9, Donnerstag, 4. März: Jetzt beabsichtigt man Personal von sämtlichen sozialen, ökumenisch-kirchlichen, einbegriffen gemeinnützigen Integrationsträgern, beim Deutschen Roten Kreuz anzuleiten, um mittels Corona-Schnelltestvorhaben an Sozialgeld-, sowie Niedriglohnbeziehern herumzudoktern. Insbesondere soll dadurch alsobald jene bekannte Eingliederung in Leiharbeit demgegenüber förderlich fruchten, trotz SARS Co V 2 – Epidemie!

8. Märztag: Die CDU-Politiker, Georg Nüsslein und Nikolaus Löbe fliegen, wegen Protektion jener Firmen aus dessen nahestehendem Klientel, auf. Derlei Unternehmen wurden beauftragt Mund-Nase-Schutzmasken für den deutschen Staat zu produzieren, aber systematisch gegen arg überhöhten Preisen von bedenklicher Qualität. Neben dieser bezeichneten ›Masken-Affäre‹ tritt eben solch pikanter Vorfall seitens, Philip Amthor erneut in den Vordergrund. Tagesnachrichten informieren, dass sich beide Unionsparteien als einzige Regierungsfraktion bemerkenswert gegen die Einführung eines Lobbyregisters im Kabinett wehrten. Dazu wirtschaften unsere Schickeria-Demokraten in die eigene Tasche, nutzen also jene andauernde Corona-Krise schamlos aus, und verbieten dagegen herumbrüllend jedem Normal-Lakaien Grundrechte zur Gänze. Damit verspielen CDU/CSU angeblich das Vertrauen hier befindlicher Bürger. Jedenfalls werden Unionseliteschichten von den Wahlberechtigten hierzulande am meisten umschwärmt, da kann kommen, was will. Hä…, denen wird doch auf ihrem hohen Ross so oder so schon nichts passieren!

10. Märztag: Unsere Kommune schickt allen Bürgern vorschriftsgemäße Schutzmasken-Proben, nebst Informationsmaterial, oh Wunder, ohne Drohjargon. Derzeit beweist abermals ein neuer Geldanlagenbetrug das Debakel jener GroKo.

April 2021: Solcher von unseren Bundesbürgern mehrheitlich priorisierter Bundesgesundheitsminister äußert in BILD am Sonntag: »Sollte diese andauernd dritte Corona-Welle vorbei sein, so sei geplant, dass jeden Zweitgeimpften bald wieder alle Grundrechte zustehen würden!«

Gleicher Meinung sei ebensolch Gesundheitsexperte Lauterbach seitens SPD außerdem, berühmt allein deshalb schon, weil er bei öffentlichen Ansprachen, gewissermaßen einen meistens seltsam zugedröhnten Eindruck macht. Man kann adäquat sagen, Prinz Valium. »Weil besonders Zweitgeimpfte gleichermaßen Virus wahrscheinlich kaum weitergeben könnten«, argumentiert im selben Messkanon ebenso das Robert-Koch-Institut daher. Allerdings wissenschaftlich bewiesen ist diejenige ›Wahrscheinlichkeit‹ bedauerlicherweise noch nicht! Was geschieht mit denen, welche bereits den vollen Impfschutz haben, nach, jawohl, einer Impfung? Hierselbst wird mal aufs Neue wiederum deutlichst dokumentiert, wie unnachahmbar von sich selbst überzeugt, und abhängig davon, irreal umnebelt oben genannte Machtkomödianten, dank einhelliger Axel Cäsar Springer-Meinungsmache, sind. Eine vergleichbare Ansicht legt auch solcherlei Organisation Patientenschutz zugrunde.

Seriöse Wissenschaftler geben diesem aktuellen Grundrechtebeschneidungsvorhaben gegen Nicht-Geimpfte vonseiten solchergestalt Gesundheitsautoritäten Jens Span sowie Prinz Valium zurzeit keine Zustimmung, da wissenschaftlich umstritten sei, inwiefern Geimpfte, das Coronavirus weiterverbreiten.

Die Stimmung des Mittelstandes, desgleichen wirtschaftliche Gesamtlage verbessern sich derzeit, weil viele Verbraucher wieder schier grenzenloser konsumieren, als auch er- schwinglich Reisen unternehmen wollen, wenn sie bloß könnten, prognostizieren gerade Meinungsumfragen. Immerhin sind Arbeitslöhne abermals, im freien Fall. Exakt solche Umstände stimulieren das deutsche Volk zum aus- ufernden Massenkonsum. Wem kann denn schon das The- ma Niedriglohn, da noch erschüttern?

Verschiedene soziale Kollektiven kritisieren, dass diese bei uns beheimatete CDU / FDP Landesregierung, was Coro- na-Schutzauflagen anbelangt, zu stark im privaten Bereich durchgreife, aber toleriere prinzipiell sämtliche Verstöße von einflussreichen Arbeitgebern. Gutbetuchte Unterneh- mer jammern immerfort, um solche Auflagen einzuhalten, seien die Kosten viel zu hoch. Das reicht unseren Landes- vater Armin Laschet als Legitimation `lasch´ aus, damit er für diese Klientel, gegenüber all dergleichen wirtschaftshin- derlichen, gleichwohl ethischen Grundregeln des menschli- chen Zusammenlebens, doch bloß den Rücken freihält! Aber ebendiese allemal alterssieche NRW-Unternehmer- Landesregierung grollt, gegen einkommensschwache Men- schen in den berüchtigt schäbigen Stadtbezirken vehement vorzugehen. Jedoch kam es letzten Endes, binnen mancher Stadtghettos zu einer großartig organisierten, ehrenamtlichen Impfkampagne. Jene Menschenrechtsorganisation Amnesty International beklagt im Abschlussbericht des letzten Quar- tals: Die weltweite Menschenrechtslage hat sich wegen Corona verschlechtert, insbesondere für Flüchtlinge, Intersexuelle und Transgender. Ein Dorn im Auge ist auch diejenige ungerechte Verteilung von Impfstoffen zwischen den armen Ländern zur Relation reicher Industrienationen. Diese Organisation bemängelt in Deutschland die mangelnde Kontrolle der Polizei, einschließlich solcher Absicht hiesiger Bundespolitiker, derart erlangte Meinungsfreiheit einzuschränken, dazu eine bevorstehende Unterscheidung zwischen Geimpften und Nichtgeimpften.

Wahnsinnige Informationen verlautbaren, ab sofort ist bei uns solchermaßen brandneues SARS CoV 2 Vakzine vom Hause Johnson-Johnson her, schon so gut wie zugelassen. Ebendieser momentan bedenkliche Impfstoff wird heute Testprobanden bereits weltweit verabreicht. Doch erlitten manche teilhabende Impfversuchsmitspieler daraufhin eine lebensgefährliche Gehirn-Thrombose. Meistens waren sowieso ›nur‹ Obdachlose, quasi geächtete Menschen ohne jegliche avantgardistische Lobby, diejenigen Wagnisopfer! Aus der Betrachtungsweise jener tonangebenden Machtkomödianten lapidar, bedeutungslose, jedoch Alles hinnehmbare, humane Kreaturen. Verantwortliche Autoritäten kommentierten: »Impfstoffe, welche bereits nach einer Impfverabreichung den vollen Schutz offerieren, sind für Menschen ohne feste Bleibe einfach sinnvoller. Mutiert hierzulande womöglich solcherart Impfstoff, hin zum selbstmörderischen Ein-Impf-Anthrax? Könnten demnächst wohl Leute eher an derartig unzulänglichen Corona-Hexenküchen-Impfabsud-Experimenten allenfalls mehr Schaden davontragen, als ehemalig infiziert erkrankte Impfverweigerer, wegen den, etwaigen Corona-Krankheits-Spätfolgen? Aber eine angebrachte These folgte darauf in Kürze: Aufseiten solcher altvertrauten Wissenschaftssendung >Quarks< war ein Talk mit jenem berühmt-berüchtigten Humangenetik-Professor Wolfram Henn und Mitglied des Ethikrates angesagt. Er verlangt tatsächlich äußerst drastisch, dass zukünftig alle Nicht-Geimpften gesellschaftlich ausgegrenzt werden sollen. Solchermaßen alarmierende BILD-Zeitungsartikel vom 19. 12. 2020 liefert jedoch keine ausgedachte Lügengeschichte. Jener rustikale Gelehrte erblüht zu diesem Betreff maßlos ›unethisch‹, wahrscheinlich Corona halber, echt ganz und gar durchdringend jähzornig. Die Ansagerin fragte denjenigen Ordinarius nach den Pflichten für Geimpfte, getreu dem Motto, wer einerseits Sonder-Rechte abverlangt, sollte andererseits auch Sonder-Pflichten innehaben. Da wurde dergestalt Ethikrat-Magistrat Henn offenbar, durch diese Fangfrage geschuldet, entschieden dumm, am falschen Fuß erwischt. Zweifelsohne muss ich schwadronieren, ebensolches BILD-Klatschblatt hat quasi seine altbewährte Philosophie selbst überlistet, nämlich in unglaublicher Weise schließlich doch mal die Wahrheit geschrieben. Was für ein Käse!

Mai 2021: Moderate Stimmung in Sicht! (Quartal II/2021, Unterkapitel 2, Ordner 43)

Mittlerweile sind bisher 200 Klageanträge beim Bundesverfassungsgericht wider solcher ›Bundes-Corona-Notbremse‹,
aufgrund Ausgangssperre des Nachts halber, eingegangen.
Dasjenige höchste Gericht hierzulande hat dermalen re-
kordverdächtig viel Arbeit, weil das Parlament quasi seit 72
Jahren Bestand dieser Republik, noch nie einfach so will-
kürlich, heißblütig außer Kraft gesetzt würde. Zurzeit muss
gegen jenes dermaßen, über das Ziel hinaus schießende
Machtkomödiantentum Einhalt geboten werden. Sämtlich
jüngste Order affektieren rotzfrech nur diejenigen fantas-
tisch vier, wichtigtuerischsten Machtaristokraten. Dazu ge-
hören Mutti Merkel, Söder, Spahn, zusammen mit Lauterbach, von ›Trip‹. Wer hierauf Bezug nehmend öffentlich
Kritik übt, dem gebührt schier eine Abstempelung zum
geisteskranken Corona-Leugner!

Am 1. Mai, Tag der Arbeit, sind alle Fahrgäste binnen
ÖPNV ausnahmslos gehalten, nur solcherart teueren
Mund-Nase-Schutz-Filtermasken-Modelle   anzuwenden.
Wer sich nicht dran hält, fliegt rigoros raus. Falls jemand
Schuhe samt festgetretener Losung auf den Sitzen abstreift,
wird absurderweise solcherlei Benimm toleriert; ferner Ver-
zehr, daneben das Rauchen von E-Zigaretten ohne jegliche
Mund-Nase-Husse.

Die DGB Vorsitzende Weber appelliert: Es sollen nicht nur alle anständigen Arbeitnehmer für derlei Pandemie-Krise aufkommen, sondern gerechterweise auch jene Beschenkte des Wertpapierhandels. Diese Lasten müssen ausgeglichen verteilt werden. Arbeitgeber dürfen diese gegenwärtige Pandemielage nicht als Vorwand nutzen, einerseits um Löhne zu senken, oder andererseits zum Auslagern von Arbeitsplätzen, damit sich ihre Manager bombastische Boni genehmigen. Abhängig hiervon unterliegt allerdings so mancherlei CEO seiner kapitalistischen Raffgier halber, nicht minder jenem gedankenlosen Irrtum: Es gibt bedauerlicherweise auch anderswo Corona! Sollten dahingegen Personalkosten zugunsten jener Entscheidungsträger wunschgemäßer vonstattengehen, profitieren im ungeheueren Ausmaße davon hauptsächlich Aktienbörsen sowie DAX-Konzerne, vor allem, weil sie vom Staat keinerlei Regularitäten tangiert. Was Lohnabhängige derjenigen systemrelevanten Berufe angeht, verspricht diese anwesende Gro-Ko allenthalben seit Anbeginn dergleichen Epidemie-Situation stetig Verbesserungen, aber tue in derlei Hinsicht beschämend wenig.

Ab dem 03. Mai gilt binnen NRW, in puncto, eines neuen Vorgaukelns seitens annähernd früherer Freiheiten des Vor-Corona-Eozäns für Geimpfte und Genesene. Allerdings hat diese Freiheit ziemlich enge Grenzen: Geimpfte ab 14 Tage nach voller Immunisierung sowie für Genesene frühestens ab 28 Tage nach einer auskurierten Corona-Erkrankung, jedoch halbjährlich begrenzt. Das alles gilt erst einmal für solche besagt körpernahen Dienstleistungen, einbezogen Schulen.

Maineige 2021: Die Corona-Inzidenz unterschreitet kritischen Index. Alle Gemüter beruhigen sich.

Seit Corona-Zeiten haben sich zahlenmäßig die Überstunden halbiert, momentan auf 1,7 Millionen, belegt das Institut für Arbeitsmarktforschung. Doch ein Halbteil der Mehrarbeit ist unbezahlt. Tarifvertragliche Arbeitsverhältnisse sind rückläufig. Vorzugsweise sagen große Firmen Tarifverträge ab, informierte morgens der Landesrundfunk am **19. Mai**.

 28. Mai: Die Corona-Ansteckungsgefahr nimmt jetzt rasant ab.

Jetzt hat jener wohl geläufige Buchautor ein neues FM. Es scheint eindeutig erkennbar, das JC will ihn etwa, in puncto Erwerbsfähigkeit, eindringlich durchchecken.

Juni 2021: Uneingeschränktes Normalitäts-näher-Kommen.

Corona mildert sich. Ich schätze, bald wallen solcherart Agenda 2010-Herabsetzungen zur nächsten Foulrunde auf. Aktuell kommen sämtliche Gemüter wieder runter, auch dieserart Zorn all jener tonangebenden Machtkomödianten. Sie machten kurzerhand aus dem umstrittenen Gesetz ›Bundes-Corona-Notbremse‹ eine Verordnung, kann somit durch Nichts und Niemand infrage gestellt werden.

Soeben wird mein auserwählter Buchautor von seinem FM, ein Herr Steinberg, hartnäckig zur Leiharbeit oder ärztlichen Schweigepflichtentbindungen hin, bearbeitet, um ihn aus dem System `rauszuhartzen´. Sogar 18 Uhr 30 abends schockieren einem mitunter solcherweise Überraschungen kraft, Telefon. Er offenbarte jenem FM, seinem Crossdresser-Faible, und selbst bisweilen verweiblichte Verkleidung in aller Öffentlichkeit trägt. Allerdings hatte sein Berater davon Kenntnis, aber ließ nach entsprechend langer Schonzeit diese Gegebenheit alldieweil unbeachtet. Sein FM leidet unter jener außerordentlichen Arbeitsmehrbelastung, denn unbedarft sagte solchergestalt stressgeplagte Integrationsfachkraft am Telefon: »Ich habe 420 Kandidaten zu betreuen, da kann man zeitweise so manchen vergessen. Zumal Ihre Einnahmen aus dem Bücherverkauf Ihren Lebensunterhalt kaum ausreichend abdecken, könnten Sie ja trotz Arbeit nebenher schriftstellerisch agieren.« Fürs JC insoweit vertretbar, solch vertrauten Lenneper Buchautor irgendetwas aufzuzwingen. Jetzt plant sein autorisierter JC-Mitarbeiter, ihm zur psychiatrischen oder ärztlichen Begutachtung rumzukriegen, da mein Geliebter, zugegebenermaßen, des Öfteren Frauenklamotten anzieht, samt standardisierten Unterton: »Wir wollen Sie nicht unter Druck setzen!«

Dessen FM gedenkt ihm eine Fülle Vordrucke aufgrund ebendieses Intermezzos per Postzustellung zu übermitteln. Er soll bis etwa Monatsende Zeit haben, diesbezügliche Forderungen ans hiesige JC zurückzusenden. Daneben möge er gehalten sein, bedingungslos einer ärztlichen und / oder psychologischen, dazu noch 3 Jahre gültigen Schweigepflichtentbindung zuzustimmen. Da kann man mal echt sehen, wie `oldfashion´ solcherlei Agenda 2010-System heutzutage tickt, bloß weil sich Jemand in nicht standardisierter Kleidung wohlfühlt. Dabei dachte ich, unsere Gesellschaft wäre angeblich bei Weitem hinreichend emanzipiert, im Hinblick auf solch tolerant gebotener Weltanschauung von heute!

Am 11. Junitag fällt im Bundesdurchschnitt jene Corona-Inzidenz auf neunzehn. Trotzdem regiert hauptsächlich eine Handvoll absolutistische Alphamenschen in Deutschland noch ohne Parlament. Dergestalt Möchtegern-Prominenzen entschuldigen genau diesen Umstand wegen ebensolcher Pandemie-Schutz-Verordnung. Eine Verordnung ist aus Prinzip per Judikative niemals reszissibel. Der DLF berichtete, diejenigen vom deutschen Volk umschwärmtesten Politiker würden, sich das Recht herausnehmen, massiv am Parlament vorbei zu regieren. Dieser kleine Personenkreis sei längst ans direkte Regieren gewöhnt. Sie fühlen sich mittlerweile gut dabei. Das sind Angela Merkel, Frank Walter Steinmeier, Prinz Valium von und zu Karl Lauterbach, Jens Spahn, Markus Söder samt Heiko Maas.

Armin Laschet trommelt zwar imposant auf seine Brust wie ein Alphatier im Busch mit lautem Krawall herum, aber der hat so oder so eine lasche Autorität. Jedoch muss er immerzu alles machen, was Söder aus Bayern ihm desto feuriger hinten drauf wummert. Solcherlei Bundes-Corona-Notbremse, oder Pandemie-Schutz-Verordnung genannt, gilt geschätzt bis Ende September, wenn die Inzidenzquote fällt. Da gegen solchen Beschluss zuhauf Klagen beim Bundesverfassungsgericht eingingen, machten oben erwähnte Alpha-Führer aus dem Pandemie-Schutz-Gesetz kurzerhand eine Verordnung. Denn derartige Befehle kann keiner vorm Kadi bezichtigen. Quasi haben ansässige Schickeria-Kasten jene Demokratie allein für sich reserviert! Aktuell steuert diese endende Bundesregierung hin zur vermehrten Zensur, insbesondere gegen Zivilpersonen, die Messanger-Dienste nutzen! Davon abgesehen, ist es eh logisch nachvollziehbar, dass im Herbst jene Epidemie wieder aufkeimt. Ich glaube, dann ändert sich sowieso nichts ab angehender Bundestagswahl, denn solch naiver Großteil des Volkes liebt natürlich martialische Führer, welche Deutschland mit eiserner Faust endlich mal so richtig aufräumen, …leider.

Das glauben wahrscheinlich Bündnis 90 / Die Grünen auch. Gegenwärtig verhunzen sie hierzulande, ungemein gutgläubig, ihre hohe Zusage bei etlichen Wählern. Durch ultraplumpe Selbstdarstellung kraft machiavellistischer Besessenheit hat Annalena Baerbock ihren Bonus, als zutreffende Bloßstellung der Grünen, total verrissen. Sie versprach menschenverachtend allen üblichen Urnengängern, unverhältnismäßig idiotische Corona-Restriktionen, trotz rapide sinkende Inzidenz. Fernerhin wirbt sie das Autofahren, nebst Billigflüge, sofort zu verbieten, desgleichen jeden Nicht-Geimpften sämtliche Grundrechte entziehen, sogar jenes Recht auf Leben. »Es sei unumgänglich, Witwenrenten, doch Bitteschön, den Asylanten zugutekommen lassen, denn allesamt Deutschen hätten ja genug Rücklagen.« Einst waren diejenigen alternativ ökologischen Totalverweigerer, insbesondere des Impfens. Immerhin hat das Auto in Deutschland einen beachtlichen Kultstatus. Dieses wäre laut meiner Meinung, ja von außerdem anderen, für unser Volk unvorstellbar schlimmer als eine totalitär durchgezogene Herrschaft aus Neo-Liberalisten und Nationalsozialisten. Medienmeldungen zufolge frisierte dummerweise diese vermeidlich grüne Bundeskanzleranwärterin ihre Lebensläufe aalglatt, um zur populärsten Politikerin aller Deutschen aufzublühen, sowohl bis dato totgeschwiegene Nebeneinkünfte mit inbegriffen! Derweil befinden sich derlei grünen Agenda 2010 Miterfinder schneller auf Talfahrtkurs, als sie je dachten. Um ebendiesen bärbeißigen Ausrutscher noch herunterzuspielen, verspricht dasjenige Bündnis einen ansteigenden Hartz IV-Regelsatz, vielleicht doch nur für Geimpfte? Allerdings beschwingt dieser Vorfall die Union, FDP und solcherlei alternativlos faschistischen Despoten aufs Neue.

Kalenderwoche 24, Samstag 19. Juni: Örtliches JC bietet ihren Hartz IV-Hedonisten, wohl oder übel, Corona-Schutzimpfungen an.

Rund eine Woche vor Quartal-Ende hat die CDU ihr schrulliges Parteiprogramm nach dem Motto: Erneuerung und Stabilität. Armin Laschet sagte dazu: »Wir dürfen niemanden mit höheren Steuern und Abgaben belasten, vor allem nicht Reiche. Die Wettbewerbsfähigkeit von Unternehmen muss bewahrt werden. Wir müssen widerstandsfähiger gegenüber ökonomischen Krisen, Epidemien und Cyberangriffen sein!« Meine Unterstellung: Da weiß man ja, was man wieder mal hat. Nur 95 Tage bis zur Bundestagswahl und das deutsche Volk liebt Mutti Merkel eng beim Vati Laschet; deshalb – kaum Änderung in Sicht.

Die Privatwirtschaftskriminalität hat sich, seit Beginn der Corona-Pandemielage, verdoppelt. Behörden bescheinigen eine Ermittlungsquote von etwa 90 %. Vor allem haben Betrügereien seitens privat betriebener Corona-Testcenter daran höchsten Anteil.

Fast wieder Normalmaß (**Quartal III/2021, Ordner 45**).

Ab Julistart sind medizinische 0 8 15 Mund-Nase-Schutz-Masken wiederum erlaubt.

Mitte Juli: Bordelle, Klubs und Diskotheken dürfen nach 16 Monaten wieder, so wie früher richtig öffnen.

25. Juli: Kanzleramtsminister Helge Braun, CDU, grollt nach Freiheitsbeschränkungen gegen Nicht-Geimpfte, angeblich dem Gesundheitsschutz aller Bundesbürger zuliebe. Dazu rühmt sich befürwortend derlei bayrische Patriarch, Poltergeistminister Seehofer, hin. Unser NRW-Ministerpräsident obengenannter Partei ist vorläufig bisher dagegen. Nun, solche Corona-Inzidenzrate keimt wieder auf.

26. Juli: Erste sachte Corona-Weisungen gelten eilends wiederum, dennoch nutznießen wir, im großen gleiche Freiheiten wie zu letzter Vorjahresepoche. Klubs, Diskotheken und Puffs müssen SARS CoV 2 halber aufs Neue dichtmachen.

Unsere tonangebenden Machtkomödianten halten sich seit dem ersten Augustviertel stark zurück, was solcherweise alltägliche Pöbeln, in Hinblick des Angriffs auf die regulär gewohnten Grundrechte anging. Wahrscheinlich wegen dem Ködern von Wählerstimmen, denn in zwei Wochen kommt jene Stunde der Wahrheit, ansonsten nur vage Prognosen. **Diese Kolumne wurde mir freundlicherweise von meinem Freund Michael Bartke überlassen.**

Von mir soll es zu dem Thema erst einmal genug sein.

Erinerrungsprotokoll

Samstag, den 22.08.2020

An einen schönen Tag im August 2020, packte mich meine Leidenschaft, das Crossdressing erneut, wie sooft zu vor! Da meine Ehefrau nicht zu Hause ist, nein wieder einmal bei ihrer Schwester zu Besuch. Ich erwarte meinen Freund Michael, nicht an diesem Tag. So habe ich die ganzen schönen Mußestunden, für mich allein. So beschloss ich, als Nancy in die benachbart größere Stadt zu fahren, mit öffentlichen Verkehrsmitteln. Es ist alles immer noch sehr befremdet, das mit den Hygienevorschriften, vor allem, ebendiese mit dem Mund-Nasen-Schutz. Zumal ist derlei gegenwärtige Maskenpflicht für einen Crossdresser nicht gerade so prickelnd. Da ich als Mann in einem Damenoutfit, ja angewiesen bin, das man mich, als Mannsbild, fortan ausmachen soll. Nun ja, man muss das Beste daraus machen. In meinem Fall, ebendas Schminken, nicht zu krass, eher dezent. In der Vergangenheit bin ich immer mit einer Perücke hinaus gegangen. Seit jetzt gut einem Jahr, verzichte ich auf dergleichen `Flohnest´, da ich noch sehr vollständiges Haupthaar, besitze. Dieses ist zurzeit noch sehr kurz. Die Busfahrt war angenehm, weil meistens zu diesem Zeitpunkt nur wenige Fahrgäste normalerweise den öffentlichen Personennahverkehr benutzen. Der Fahrer ergab sich als ein befreundeter Geselle türkischer Staatszugehörigkeit. Dieser tritt dem Thema `Crossdressing´ sehr aufgeschlossen entgegen. Wir plauderten zusammen, so gut es eben zwischen uns und der Abtrennung in Form einer Klarsichtfolie, zu bewerkstelligen ist. Endlich, am zentralen Busbahnhof-Remscheid-Friedrich Ebertplatz angekommen, verabschiede ich mich von jenem Bekannten. Auf zur Shopping Mall, Allee-Center, und rein ins Chaos, dank offiziellen Hygiene-Erlass, den Pfeilen am Fußboden folgend, an den Aufpassern, vorbei huschen; man möchte ja keine Ermahnung ergattern, von solchem hochintelligenten Security-Personal, welche sich selber oft nicht so ans Tragen einer Schutzausrüstung halten. Mein Hauptziel: Ein Paar Schuhe, einen Rock oder ein Kleid, daneben den einem oder anderem schönen Mannsbild schöne Augen machen. Obwohl das Letztere ist nicht so wichtig. Ich ging, zielstrebig in das Kleidungsgeschäft C&A, kaum zugegen, wurde ich schon fündig: Ein schöner kurzer schwarzer Rock möge meine Beute für dieses Mal sein, 19,99 Euro. Anprobiert: Passt! So gekauft, wie gesehen. Es sind in der Umkleide auch Männer mit ihren schönen Frauen zugegen. Kann mir mal jemand erklären, was Männer an einer Person, wie meinerseits finden? Ich mein ja nur, da haben sie solche Augenweiden dabei, wobei man selber schwach werden könnte, welche aber ihre Augen nur auf meine Person ausrichten. Zumal ich ja mitunter den Bogen, manches mal überspanne, in diesem Sinne, gelegentlich ein kleines naives Frauenzimmer heraushängen lasse. Dem einen oder anderen Mann anspreche, ihn Frage, ob mir der Rock steht. Ob er nicht zu lang für meine wohlgeformten Beine ist. Da ziehe ich den Rock, immer ein Stück höher, wo manch einer sich verlegen in dem Schritt packt, um etwas zurechtzurücken. Was natürlich den holden Frauen, nicht so in Ihrem allzubehüteten Vorstellungen passt. Und ich bekomme dann den bösen Blick zu spüren. Dabei bin ich doch das Opfer, mit einem Augenzwinkern. Eigentlich bin ich so nach zwei Stunden, mit dem Shopping fertig. So auch dieses Mal. Ich gehe immer etwas auf der Allee-Straße, flanieren. Schaue mir ein wenig die Menschen an, es ist alles etwas befremdlich, die einen übertreiben es mit dem Abstand, andere wiederum kommen einen viel zu nahe. Ich habe genug, muss ja noch etwas einkaufen, so fahre ich wieder nach Lennep, steige an der Haltestelle-Trecknase aus, gehe zur Nettofiliale. Kaufe wieselflink ein, da der nächste Bus, im Anschluss kommt. Kaum mit zwei Taschen an der Haltestelle angekommen, setze ich mich noch einen Moment dort hin.

Peinliches Gespräch.

Ich sitze, an der Haltestelle, es ist drückend warm. Immer wieder schlage ich meine Beine abwechselnd übereinander, dabei rutscht mein Jeansrock immer ein Stück aufwärts.

Manchen Autofahrer scheint dieses zu gefallen, im Gegensatz zu mir, ich bin am Schwitzen und bisweilen genervt. Die Linie 664 kommt wieder einmal zu spät. Auf einmal ein lautes Röhren. Etwas Schwarzes, Schnelles, ein Sportwagen hält kurz. Im inneren ein junger Mann. Er schaut kurz zu mir, fährt dann mit einem Kavaliersstart davon, bis zur Ampel, dreht um, fährt zurück zur Kreuzung und dreht wieder in Richtung zu mir. Der Audi… hält. Die Beifahrerseite, ein Summen der Fensterheber ertönt, ein freundliches Lächeln, eine Bekundung zu mir, welchem, ein unbeholfenes Kompliment folgt: das ich wohl seine volle Aufmerksamkeit hervorgerufen habe. Mit einer Frage zu mir, wo denn ich hinmüsste, so die Frage von diesem schüchternen Bengel. Ich bin ja nur ein naives Dummchen und sage: »Meine Mama hat mir verboten, mit fremden Männern zu reden, da sie ja nur das `Eine´ von einem unschuldigen Mädchen wollen.«

Der Herr antwortet prompt: » Ach steig ruhig ein, ich fahr dich, wohin du willst, ich tu dir schon nichts.«

Ich antworte: »Wissen Sie, ich habe einmal gehört, dass Männer, die so schnelle Sportwagen fahren, einen zu **Armseligen** Penis besitzen, ich aber nur auf große Penisse stehe, da man ja auch etwas zum Anpacken und zum Spüren haben möchte.«

Der junge Mann wurde verlegen, die Schamesröte stand auffällig in seinem Gesicht, von der zuvor überheblichen Selbstsicherheit ist nichts mehr vorhanden, er gab unnötig zu viel Gas und fuhr hastig davon. Habe ich übertrieben? Es muss ja etwas Wahres daran sein, sonst hätte er nicht so schnell Reißaus genommen. Ich musste so etwas von Lachen, zum Glück der Bus kommt, ich steige mit einem Lachen auf den Lippen ein. Der Busfahrer etwas irritiert fragt: »Was so lustig sei?«

Ich erzählte es laut im Fahrgastraum, es waren noch andere Fahrgäste am Schmunzeln. Was soll ich sagen ein ganz normaler Samstag im August, als Crossdresser.

An einem sonnigen Tag im Juni 2021

Ich habe an diesem Tag meinen alljährlichen Termin bei meinem Hausarzt. Seit einigen Monaten wird unsere Wohnsiedlung aufwendig saniert. Den einen oder anderen Handwerker kennt man. Es kommt zuweilen vor, dass sich manchmal ein ganz besonderes Exemplar, von Manne, präsentiert, als Gigolo! Man könnte eher behaupten, hier gebärdet sich ein aufgepumpter Pfau. Seinem Gehabe nach, auf jeden Fall. Es gab schon so einige Male, während ich lautes Pfeifen hörte, wenn eine mehr oder minderere schöne Erscheinung von einer weiblichen Person an der Baustelle vorbei schlendert. Es war zuweilen immer derselbe Pfau. Dieser scheinbar sexuell erregte Bauarbeiter ist auch mit seinem lauten Organ ebenfalls bei meinen direkten Nachbarn aufgefallen, diese mokierten sich schon über diese Person. Ich verließ an diesem Nachmittag um etwa 15 Uhr das Haus und ging über die Straße in Richtung der Baustelle. Nachdem ich an dem Haus, wo die Arbeitskolonne einer romanischen Firma an der Fassade eines Hauses werkelte, war aus den Augenwinkeln zu sehen, dass sich der dort befindliche Polier wohl auf meine Kosten bei seinen Männern profilieren wollte.

Der Polier rief dem Pfau zu, sagte: »Schau dir mal den Typen an, ist das nichts für dich?« Ich vernahm ebendas, ging aber unentwegt weiter. Man hörte, wie der Gigolo zu mir herüberrief: »Sag mal, möchtest Du nicht mal sehen, was ich Schönes für Dich habe?« Er griff sich ungeniert in seinen Schritt und war sich seinerseits nun sehr anmaßend sicher. Ich lächelte zu dem Polier blasiert herüber und wollte an ihm, nebst seiner Mannschaft aus Gockeln, einfach vorbei. Doch wie sooft, überkam es mich wieder, dass unsereins solch stark, durch Testosteron geplagten Exemplar von Manne, doch letzten Endes irgendeine Antwort schulde. Ich drehte mich schwungvoll zu diesem hin, und mit einem breiten Grinsen unter auffordernden Tonfall sagte:

»Dann lass doch mal sehen, was Du hast, vielleicht gefällt er mir ja.« Es erschallte ein lautes Gelächter vonseiten seines Bauarbeitertrupps. Ebendieser zunächst, einmal selbstbewusste Möchtegern brachte jetzt nicht mal den jämmerlichsten Mucks zustande. Ich drehte mich zu seinem Vorgesetzten um, sagte zu ihm: »Wie immer nur heiße Luft!«

Der Polier antwortete mir mit einem Schulterklopfen: »Du bist in Ordnung.« Die versammelte Mannschaft zeigten mir mit einem, Daumen-hoch, was sie von mir halten. Ich ging meinen Weg zum `Doc´ weiter.

An einem schwülen Samstagabend keimte in mir das Verlangen, ein wenig hinaus zugehen. Es ist drückend warm, als ich in der Nähe der Schule am Hasenberg vorbeischlendere, fing es an zu Nieseln. Eine kleine Abkühlung kommt jetzt genau richtig. Als ich die Straße hinunter schritt, hörte ich einen Ruf, der wohl mir zugerufen wurde. Ich drehte mich gemächlich zu dem Rufenden herum, mit einer an ihm gestellten Frage, was ich für ihn tun kann. Dieser doch schon in die Jahre gekommene Erscheinung von einem Manne, sagte: »Hallo, ich habe Sie des öfteren, hier in Damenkleider gesehen, jetzt habe ich den Mut aufgebracht, Sie anzusprechen.«

Ich antwortete: »Ja das kann sein, ich bin ein Cross Dresser und mag es so in Erscheinung zu treten.«

Der Herr sagte: »Das gefällt mir, ich habe vollstes Verständnis das Sie sich so in der Öffentlichkeit zeigen. Ich wohne nicht weit von hier entfernt, wir könnten das angenehme Gespräch bei mir zu Hause bei einem Getränk weiterführen.«

Ich antwortete: »Ja gerne.«

Ich war etwas neugierig geworden, wohin diese zufällige Begegnung hinführt. Der Mann behielt recht, es waren nicht einmal fünf Minuten zu Fuß. Ich betrat die Wohnung, es roch etwas angestaubt. Ich legte meine Jacke im Korridor ab. Ging dann in das Wohnzimmer, der Herr bot einem an, es mir auf dem Sofa bequem zu machen. Ich schaute mich ein wenig um. Die Einrichtung sah etwas gewöhnungsbedürftig aus, ein Smart TV, ein in die Jahre gekommene Wohnwand. Dies ist eigentlich nicht ungewöhnlich. Nein, es fing mit dem Tisch an, eine Axt in einem Glastisch eingelassen, daneben eine Abc-Atemschutzmaske. In einer Ecke des Wohnzimmers steht eine lebensgroße Puppe, in voller Feuerwehrmontur. Ich sah Fotos an der

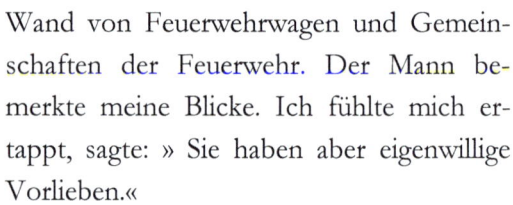

Wand von Feuerwehrwagen und Gemeinschaften der Feuerwehr. Der Mann bemerkte meine Blicke. Ich fühlte mich ertappt, sagte: » Sie haben aber eigenwillige Vorlieben.«

Er antwortete: »Vorlieben nein, das war mein Beruf, ich war lebenslang bei der Feuerwehr und nun bin ich im Ruhestand.«

Ich: »Oh entschuldigen Sie, ich wollte nicht neugierig sein. Nun ich war doch etwas erstaunt, als ich diese Dinge sah, da bin ich beruhigt, dass es doch vorerst noch harmloser ist, wie ich es befürchtet habe.«

Der Mann bot mir das Du an. Er erzählte mir, von seiner Arbeit. In der Zwischenzeit bekam ich ein kühles Getränk, das ich mir selber öffnete. Ich habe ohnedem so darum gebeten, da ich den Mann nicht so gut kannte. Ich hatte die ganze Zeit ein seltsames Gefühl in mir. Der Mann erzählte immer fort, auf einmal nahm das Gespräch eine andere Richtung auf. Er gab mir von seiner Frau preis, welche mit einem Male an Demenz erkrankte, da wäre sein Intimleben doch sehr eingeschränkt gewesen. So kam es dazu, dass er in Swingerklubs ging, dort habe er eine Frau kennengelernt und sie hatten Gruppenkoitus betrieben und Pornos gefilmt. Doch leider Gottes, ist sie vor wenigen Wochen gestorben. Dort in der Swingergruppe gab es Transfrauen, deshalb fand er es so toll hier in seiner Umgebung, jemanden zu haben der seinen Erwartungen entspricht. Ehrlich, mir wurde es etwas blümerant zu Mute. Immerhin, ich war doch sehr interessiert, wo das jetzt hinführen soll. Des Weiteren führte er an, dass er jetzt zweiundsiebzig ist, er Altersflecken auf seinem Penis hat. Und es schwer wäre, eine neue Partnerin zu finden; daneben er noch sehr `standfest´ in Sachen Sex ist. Mit einem Mal sagte er: »Setz dich doch neben mich, es wäre schön, wenn wir uns ein wenig näher kennenlernen.«

Ich verneinte dieses: »Das geht mir alles zu schnell, außerdem bin ich in einer Beziehung.« Dachte jener Typ etwa: Sind alle so naiv?

Habe ich womöglich mit meiner Zusage ihm falsche Hoffnungen gemacht? Jetzt kam der Punkt, wo man diese Aussprache besser beenden sollte, bevor irgendetwas Leidvolleres beginnt. Ich entschuldigte mich, dass mein Kater zu Hause auf sein Futter wartet, und müsste eigentlich schon längst zu Hause sein. Allmählich glaubte ich, wie dieser Mann immer aufdringlicher wurde, da er meinte, ich könnte doch bei ihm duschen, bevor ich nach Hause gehe. Er zeigte mir das geräumige Bad. Auch sein Schlafgemach, es sah einladend aus, wenn da nicht die an der Zimmerdecke befestigte Kamera wäre. Ich erschrak, als er sich auf seinem Bett herumrekelte und mir andeutete, dass ich etwas verpasse, wenn man dann jetzt gehen würde.

Ich sagte erbost: »Hör mal, habe ich auf meiner Stirn stehen: `nimm mich!´. Meinst du, ich habe das nötig von einem abgetakelten ausrangierten Feuerwehrmann durchgenommen zu werden.«

Ich hatte bis dahin definitiv genug gesehen, genug gehört. Man war ab diesem Moment unerfreulicherweise gehalten, ihm verstehen zu geben, dass ich ein Meister in Selbstverteidigung bin, warnte ihn hiermit, mich in irgendeiner Weise aufzuhalten. Er verneinte dieses, er wollte sich entschuldigen, er ging davon aus, dass ich auch etwas gesucht habe, da ich seiner Einladung so rasch gefolgt bin. Ich sagte zu

ihm: »Man kann es ja verstehen, als ehemaliger Feuerwehr-
mann lässt man doch sowieso nichts anbrennen. Danke,
nein!« Leider habe ich auch kein Rezept für ihn, was sein
Problem seiner Altersflecken betrifft. Ich bedankte mich
für die aufschlussreiche Erfahrung mit ihm. Zum Glück
hörte es inzwischen auf zu Regnen. Morgen kommt Micha,
bin durchaus gespannt, was er dazu sagt, von meinem
abendlichen Abenteuer.

September 2022 Begegnung mit Chantal

Ich muss zugeben, dass Chantal eine
Augenweide ist. Schön anzusehen. Jedoch hat dies einen faden Beigeschmack. Ich ließ mich auf ein Treffen
mit Chantal ein, dass treffen bei mir
zu Hause. Sie (Er) Soll wie auf dem
Foto in Erscheinung treten. Chantal
hat angegeben aus Koblenz zu kommen. Selbst wenn ich
mich darauf einlassen würde, alleine der Gedanke mit öffentlichen Verkehrsmitteln ständig so weit ab von Domizil
mich auf ein Stelldichein einzulassen, es graut mir. Aber einem Gespräch mit Ihr, darauf lasse ich mich gerne ein.
Sieht es Chantal auch so? Erwartet Sie womöglich mehr?

Ich sagte dem Treffen zu. Und verabschiedete mich mit einem Ausspruch, freue mich auf dich.

Leider bekam ich weitere Bilder von Ihr zugeschickt, die alles andere als jugendfrei sind.

Am kommenden Samstag war es so weit, Chantal schrieb über Whatsapp, dass sie jetzt unterwegs zu mir nach Hause sei. Ich bin ja schon etwas nervös, warum eigentlich? Es kommt ja nicht mehr so oft vor, seit ich mit Michael zusammen bin, dass ich von gleichgesinnten Besuch erwarte. Schulterzuckend verbannte ich den Gedanken wieder, mit einem Seufzen was soll ich anziehen. Zu meinem Glück bin ich mit Michael im Klinsch, da brauche ich kein schlechtes Gewissen haben. Michael kann froh sein, wenn ich ihm heute nicht fremdgehe. Mit einem süffisanten Schmunzeln auf den Lippen begann ich mich zu stylen.

15 Uhr:

Es klingelte. Ich ging zur Tür, öffnete kurz, um zu sehen, wer da klingelte. Mein Herz pochte wie wild, als ich Chantal sah. Schwarze Haare, die bis zu ihren Schultern fielen. In meinen Gedanken, genau mein Typ. Gerade in diesem entzückenden Moment, kam mein griechischer Nachbar, aus seiner Wohnung und er wollte wohl hinaus gehen. Im selben Augenblick drückte ich den Türöffner, Chantal kam selbstsicher mit ihrem scharfen Outfit, hinein. Mein Nachbar schaute erstaunt, mit einem Hallo, nicht so eilig, begrüßte er dieses männliche Weibsbild. Chantal ganz Dame, ist schon Okay, gut aussehenden Männern vergebe ich gerne. Mit einem schwungvollen, etwas arroganten Hüftschwung schlängelte sie sich an ihm vorbei. Und ihre Aufmerksamkeit galt jetzt mir voll und ganz. Mit einem freundlichen, hallo an meiner Person gerichtet, kam sie die Stufen zu mir hoch. Wir standen uns gegenüber, sie umarmte mich, machte mir ein Kompliment, das ich wohl ihren Erwartungen erfüllte. Ich stotterte etwas unsicher, das ich das Kompliment gerne zurückgebe. Ich bat sie zu mir ein. Nahm ihren Mantel entgegen.

Chantal sagte: »Ich habe uns etwas mit gebracht, lass uns anstoßen, du trinkst doch Sekt?«

Ich stammelte: »Ja klar« Ich war immer noch so beeindruckt von ihrer Attraktivität, im gleichen Augenblick kamen Gewissensbisse in mir auf. Ich vertrieb die Gedanken sofort wieder. Bat Chantal einen Sitzplatz an, holte zwei Gläser, Chantal öffnete währenddessen den Sekt. Ich setzte mich ihr gegenüber. Sammy, mein Kater kam neugierig zu Chantal, sie sagte: »Na du, wer bist du denn?«

Ich antwortete: »Das ist Sammy, der Hausherr, der muss sich immer ein Bild machen, wer seine Residenz betritt.«

Chantal erwidert: »Ich habe auch Katzen, beziehungsweise eher mein Partner.«

Ich: »Ich wusste ja nicht, das du in einer Beziehung bist, weiß dein Partner das du auch andere besuchst?«

Chantal: »Ja, wir haben eine offene Beziehung. Er darf sich auch mit seiner Freundin treffen. Ich bin oft berufsbedingt kaum zu Hause, manchmal sind es Tage oder Wochen, weil mein Beruf Fernfahrer ist, somit schwierig vereinbar mit einer Beziehung. Ich erlaube meinem Partner das er sich mit seiner Freundin vergnügt. Ich tue es ja auch.«

Ich: »Ich kenne das, bin auch Berufskraftfahrer von Beruf, aber jetzt nicht mehr, schreibe jetzt Bücher. Muss zwar aufstocken übers Amt, aber habe so meine Freiheit, obwohl das mit der Freiheit lasse ich mal dahin gestellt, denn frei bin ich auch nicht. Ich bin schon seit mehr als 33 Jahre mit meiner Frau verheiratet. Sie ist nicht gesund, kann also meine Wünsche kaum erfüllen. Sexuelle Neigungen, die man nun mal hat. Es ergab sich früher schon mal hie und da die ein oder andere Bekanntschaft, jedoch in letzter Zeit nicht. Denn ich lebe ja zurzeit in festen Beziehungen, und das schon seit drei Jahren. Allerdings gibt es im Moment etwas Zoff mit meinem Lebensgefährten. Er hat mir sehr weh getan, wegen verbaler Äußerungen, die mich tief verletzten.

Es kann sein das wir uns trennen, deshalb hätte ich kein all-zu schlechtes Gewissen, dich bei mir eingeladen zu haben.«

Chantal lächelte mich an, dabei kamen zwei Reihen schneeweißend strahlende Zähnen hervor. Die einluden sie zu küssen. Wir plauderten über dies und das, auf einmal kam es zu einem Missverständnis ihrerseits. Chantal wurde extrem locker, sie verfiel zunehmend in sexueller Erregung, was sie mir unaufgefordert und ungeniert zeigte. Sie zog ih-ren Rock aus, außer Strumpfhalter und halterlose Nylons, trug sie ein doch sehr zu kleines Höschen, wo ihr Glied steif herausragte. Sie holte einen Dildo aus ihrer Handta-

sche, legte ihn neben sich, sagte: »Den könnte ich mir jetzt reinschieben in meine Arschfotze.«

Ich fiel aus allen Wolken, es fiel mir wie Schuppen von meinen Augen. Habe ich ihr Hoffnung gemacht, ich muss gestehen, dass ich es mit ihr gerne richtig getrieben hätte. In meinen Gedanken schob ich ihr den Dildo bis zum Anschlag in ihren süßen Arsch, ich musste teuflisch grinsen. Aber die Aussagen von Chantal, dass sie, wenn sie mal nicht unterwegs sei, sie sich gerne mit mehreren Männern treffen würde, schmälerten mein Verlangen nach unverblümten Sex zunehmend.

Chantal sagte mit einem Mal: »Wie sieht es aus, sollen wir nach Köln fahren, wir beide sind doch zwei schöne Frauen, wir können uns doch nette Typen suchen, uns richtig durchnehmen lassen.« Ich für mein Teil war angewidert, von dem, was Chantal von sich gab. Okay, wenn es um uns, nur um uns gegangen wäre, hätte ich es mit einem Lächeln abgewendet. Für mich ist in einer Beziehung schon Treue wichtig. Vom gesunden Aspekt mal abgesehen. Meine Gesundheit ist mir heilig.

Ich erwiderte: »Wie soll das gehen, wir sind dreißig Jahre auseinander, du bist noch so jung, ich könnte vom Alter deine Mutter oder Vater sein. Wie sollen wir dann auftreten in der Öffendlichkeit? Als Mutter und Tochter?«

Chantal: »Na und, ist doch kein Problem, die Typen, die ich kenne, machen keinen Unterschied zwischen uns, die denken nur mit ihrem Schwanz, und wie sie zum abspritzen kommen.«

Ich: »Aha, ach daher weht der Wind, ich dachte mir schon, dass ich dir nicht genüge. Du hast dir aber lange zeit gelassen, bist du mit deinen Wahren, Absichten herauskommst, ist das deine Masche, hast du das nötig?«

Chantal: »Wieso, hast du gedacht, dass ich nur zum Gespräch vorbeigekommen bin.«

Ich: »Ja, es war nie die Rede von Sex. Ich habe nur Interesse an deiner Geschichte, mehr nicht. Habe es dir auch so vermittelt in der E-Mail. Ich glaube, du gehst jetzt besser. Nicht sauer sein, es war sehr interessant mit dir zu reden, aber gegen dich bin ich ein Mauerblümchen, wünsche dir viel Erfolg, bleib gesund.« Und gab ihre Garderobe und drängelte sie hinaus. Ich wollte den Samstag, in Ruhe vor dem Fernseher mit Sammy ausklingen lassen. Morgen kommt Michael vorbei, wollen uns aussprechen, mal sehen wie es weitergeht oder auch nicht.

Nun ja, es ist wieder einmal so weit, wir haben Juni 2021. Nach einem sehr aufschlussreichen Telefonat mit meinem Fallmanager, Herrn Steinbach, im Jobcenter Remscheid kam das leidige Thema erneut auf, wie es sich um meine finanziellen Befindlichkeiten steht. Es bezieht sich auf meiner Tätigkeit das Schreiben. Der Herr vom Dienst, sagt zu meiner Person, dass es doch nicht so viel abwerfen würde. Und ob ich nicht doch lieber in einer Arbeit in der freien Wirtschaft besser aufgehoben wäre. Das schreiben könnte ich dann ja als Hobby weiter führen. Da es sich aus seiner Sicht ja sowieso um keine richtige Arbeit handelt, dass Bücherschreiben. Der Herr Steinbach ließ verlauten, dass es auch eine andere Tätigkeit als Zeitvertreib, meiner Person gäbe, nämlich eine richtige Arbeit zu finden. Mit einer Anmerkung das ich doch gesundheitlich in der Lage wäre an einer Maschine einen oder zwei Knöpfe zu bedienen. Ich muss gestehen, dass dieses Telefonat langsam anstrengende Züge beinhaltet, sodass ich schon bei der Bemerkung keine richtige Arbeit, rein physisch nicht mehr das Gespräch verfolgte. Ich warf ein aktuelles Argument als Störfaktum in seinem allzu strebsamen eindringlichen Geschwafel, das es zurzeit ein Gutachten gibt, das expliziert darauf hingewiesen wird, das ich autark eine Arbeit verrichten soll. Nicht in

Nachtarbeit, keine Gruppen oder Teamarbeit, nicht´s mit hoher Verantwortung. Der Herr räusperte sich, mit einem na ja, dass ich wohl recht habe, es aber schon so einige Jahre her sei, da könnte es doch sein, dass sich in meiner Persönlichkeit etwas zum Guten gewendet habe. Ich sagte ihm, dass es mitunter eine Weiterentwicklung gegeben hat. Das ich eine Transfrau sei. Nun ja, Begeisterung hört sich anders an. Ich glaube mit, der Aussage war der Fallmanager überfordert. Dieser kam zum Entschluss, dass ich einer psychologischen Begutachtung zustimmen soll. Er würde ja im Interesse meiner Person handeln. Damit war das Gespräch auch erst einmal beendet, alles Weitere geschieht postalisch.

Der dgti Ergänzungsausweis:
 Am 1. Juli 2020 wurde folgende erste Maßnahmen für Gendergerechtigkeit im akademischen Senat beschlossen:

Gendergerechte Sprache
 Ab sofort werden im universitären Schriftverkehr, in Dokumenten, Formularen, Verträgen und auf allen Plattformen der Universität neutrale Anreden und Formulierungen sowie das Gendersternchen verwendet. Die gendersensible Anpassung der Texte auf der Website hat bereits begonnen. Eine Handreichung bietet allen Redakteur*innen, Lehrenden und mitarbeitenden Unterstützung beim gendergerechten Formulieren und bei der Vermeidung diskriminierender

Rede- und Schreibweisen. Die Anpassung der Formulare erfolgt ebenfalls Schritt für Schritt.

Ergänzung der Optionen „divers" und „keine Angabe"

Die Optionen „divers" und „keine Angabe" werden in allen Formularen, Zeugnissen, Statistiken, Datenbanken, Verträgen und im Schriftverkehr der UdK Berlin bei der Angabe zum Geschlecht bzw. zur Anrede ergänzt, aufgenommen und anerkannt. Die Verwendung neutraler Anreden und Formulierungen sowie des Gender*Sternchens in allen universitären Korrespondenzen, Dokumenten und auf allen Plattformen der Hochschule wird durchgesetzt.

Anerkennung des selbst gewählten Vornamens

Nicht immer stimmen die Personalpapiere mit der eigenen geschlechtlichen Verortung überein. Solange die Namens- und/oder Personenstandsänderung noch nicht erreicht ist, ist es allen trans*, inter* und nicht binären Menschen möglich, mit einem dgti-Ergänzungsausweis ihren selbst gewählten Vornamen und andere selbst gewählte personenbezogene Daten anerkennen zu lassen. Ein solcher dgti-Ergänzungsausweis kann auch beantragt werden, wenn der belastende Prozess einer Personenstandsänderung gar nicht angestrebt wird.

Die Anerkennung gilt für alle Bewerbungs-, Einstellungs- und Zulassungsverfahren. Sie betrifft den Studienverlauf und -abschluss an der UdK Berlin (z. B. Studierendenausweise, Zeugnisse sowie den E-Mail-Account und andere Online-Kommunikation). Mit dem Ergänzungsausweis kann der Eintrag im Studierenden- oder Personalregister auch nachträglich geändert werden, Betroffene können ihren Ergänzungsausweis dem IPA oder Personalreferat vorlegen, dann wird die Änderung vorgenommen. Die Referate arbeiten nun schrittweise an der Umstellung der Prozesse.

Der dgti-Ergänzungsausweis stellt in Kombination mit einem amtlichen Personalausweis ein vom Bundesministerium des Innern (BMI) anerkanntes Ausweisdokument dar. Er enthält alle selbst gewählten personenbezogenen Daten sowie ein aktuelles Passfoto. Seine Dreisprachigkeit in Deutsch, Französisch und Englisch ermöglicht die Verwendung auf Reisen ins Ausland. Die Beantragung des Ergänzungsausweises kann hier vorgenommen werden und ist ganz unkompliziert: https://dgti.org/ergaenzungsausweis.html

Genderneutrale Toiletten
 Neben Toiletten für Frauen und Männer wurden bis zu 50 % genderneutrale Toiletten an allen Unterrichtsstandorten der UdK Berlin eingeführt. Abhängig von den unterschiedlichen Gegebenheiten vor Ort ist zusammen mit dem Referat für Gebäudemanagement ein Verteilungskonzept erarbeitet worden. Das heißt, ab November 2020 werden einige

der Toiletten in allen Standorten zu „all gender Toilets" umgewidmet, vorerst ohne bauliche Anpassungen. Es werden weiterhin Toiletten für Frauen und Männer sowie die Personaltoiletten bestehen bleiben. Parallel werden die barrierefreien WCs hausweise modernisiert und den geltenden Vorgaben entsprechend umgestaltet.

Bei Trans*Personen stimmen die amtlichen Ausweispapiere vor der offiziellen Namens- und/oder Personenstandsänderung nicht mit der eigenen geschlechtlichen Verortung überein. Ähnlich kann dies auch beim äußeren Erscheinungsbild der Fall sein. Das führt bei einer Personenkontrolle häufig zu unangenehmen, belastenden und erniedrigenden Fragen oder sogar gefährlichen Situationen.

Der dgti-Ergänzungsausweis ist ein standardisiertes Ausweispapier, das alle selbst gewählten personenbezogenen Daten (Vorname, Pronomen und Geschlecht) dokumentiert und ein aktuelles Passfoto zeigt. Bei sämtlichen Innenministerien, bei der Polizei, vielen Behörden, Banken, Universitäten, Versicherungen und anderen Stellen ist er bekannt und akzeptiert. Dort, wo dies noch nicht der Fall ist, hilft ein QR-Code auf dem Ausweis weiter.

Der Ergänzungsausweis wird von der dgti e. V. herausgegeben und dient der Verhinderung der Diskriminierung von Amtswegen. Er unterstützt den nach einem Urteil des Bundesverfassungsgerichts 2 BvR 1833/95 gültigen Anspruch auf Anrede im bewussten und erklärten Geschlecht sowie selbst gewählten Vornamen in der Kommunikation mit staatlichen Organen.

Wichtigste Grundlage des Ausweises ist die Umsetzung der Forderung des Europäischen Parlamentes, mitgeteilt in der 11. Wahlperiode des Deutschen Bundestages (hier unter Punkt 9). Die Ausstellung des Ergänzungsausweises durch die dgti e. V. wurde vom Bundesinnenministerium ausdrücklich gestattet (Schreiben des BMI); Berichte z. B. im Polizeimagazin "Streife" und bei VelsPol, dem Mitarbeiternetzwerk für LSBTI in Polizei, Justiz und Zoll, sorgen für eine sehr hohe Sichtbarkeit bei "offiziellen Stellen".

Der Ergänzungsausweis ist nur gültig in Kombination mit einem amtlichen Personaldokument und enthält deshalb beispielsweise die Nummer des Personalausweises. Da er somit an diese Nummer gekoppelt ist, fällt die Geltungsdauer mit der des amtlichen Dokuments zusammen, das heißt, wenn ein neuer Personalausweis benötigt wird, muss auch ein neuer Ergänzungsausweises beantragt werden.

Quelle http://www.dgti.de

Der Nachname muss immer mit dem Namen auf dem amtlichen Dokument übereinstimmen.

Ich traf nach meiner Recherche im Internet rein zufällig auf die Seite www.dgti, und dachte mir, das es sehr Interessant ist, gerade jetzt, wo ich wieder ins Visier der Behörden gelange. Also informierte ich mich sehr gründlich und darauf beantragte ich den Ergänzungsausweis bei der dgti. Ich muss sagen, dass der Ausweis in Verbindung mit meinem deutschen Personalausweis schon sehr gute Dienste bot. Nun ja, einen Faden bei Geschmack gibt es trotzdem. Da ja auf dem amtlichen Perso, stets ein Foto meiner männlichen Physiognomie zu sehen ist, werde ich unfreiwillig als trans Person geoutet.

Einladung zum Psychologischen dienst

Oktober 2021 bekam ich eine Einladung, zur psychologischen Untersuchung, im Remscheider Gesundheitsamt. Leider wurde diese Einladung abgesagt. Ich dachte zum Glück. Doch dieser glückliche Moment erwies sich als Fehler meinerseits. Ich sollte noch von Ihnen hören.

Am 24.10.2021 bekam ich eine neue Einladung, diesmal nicht vom Gesundheitsamt. Sondern wie folgt. Hier die originale Einladung.

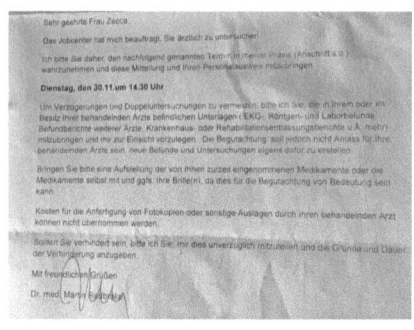

Aber respektvoll, mit der anrede als Frau.

Ich frage mich allerdings, was sie mit Unterlagen von meinem Arzt wollen. Es soll sich doch in erster Linie über meine Transsexuellen Ausrichtung beziehen.

Beziehungsweise bin ich in meiner Naivität, immer davon ausgegangen, dass es sich um eine Begutachtung gehen soll, wie und wo ich in der Zukunft einen Arbeitsplatz bereichere.

Dass dies ein Irrtum meinerseits sein soll, wird mir bei dem Termin, bei dem Dr. med. Martin Redbrake am 30.11.2021 zuteil.

Heute ist der Tag gekommen, wo meine Psyche begutachtet werden muss. Ob ich in Zukunft weiterhin mit Einschränkungen oder auf Biegen und Brechen zu irgendeiner zumutbaren Beschäftigung vermittelt werde, steht noch in den Sternen geschrieben. Es kommt ja, für eine so derart poesielose Behörde, wie ebensolcher, dem Jobcenter, peinlich hinzu, dass ich mich bei meinem Fallmanager, Herrn Steinbach, als Trans-Person geoutet habe. Dieser war wohl eh peinlich berührt und nach seiner Ansicht nicht überzeugt, dass es wohl der Wahrheit entsprechen würde. Demzufolge betraute jenes Offizium zu solcher Untersuchung einen externen Begutachter. Daher vermag der heutige Termin bei, Herrn Dr. med. Redbracke, vermeintlich mehr Aufschluss, für diese Bürokraten, ergeben. Demnach stellt sich wie immer, die ultimative Frage: Was zum Teufel ziehe ich dazu an? Meine Entscheidung fiel auf ein mollig warmes Wollkleid, Stiefel, Mantel, sowie auf eine dezent betonte Schminke. Eben ganz, die Dame von Welt.

So machte man sich auf dem Weg, aber wie immer, etwa eine Stunde zu früh, was sich noch als sehr nützlich erweisen wird. Jene Passage dorthin war gut mit öffentlichen Verkehrsmitteln erreichbar. Ich kam um 13:45 am kolossalen Ärzte-Bollwerk, in der Rosenhügler Straße, an. Unsereins dachte schon, wie immer viel zu früh. Doch ebendas war ein Trugschluss meinerseits. Unter dieser Adresse sind etliche Arztpraxen vertreten, aber kein Dr. med. M Redbrake. Zu meiner Schande war ich auf solcherlei verworrener Gegebenheit wohl nicht gut vorbereitet. Also suchte ich in dem Haus erst einmal auf eigene Faust. Als ich die Praxis dereinst nicht im Bereich dieses unübersichtlichen Komplexes fand, kam man keinesfalls umhin, sich durchzufragen. Das fiel einem Mitbürger, ausländischer Herkunft auf, er war sehr angetan von meiner Person, was dieser bekundete. Aufgrund seiner Frage, ob er mir helfen kann, versuchte ich ihm zu erklären, in welcher verzweifelten Lage man sich hier befindet. Doch derjenige enthüllte sich tatsächlich als einer von jener geläufigen Spezies, Neunmalkluger, wie ich davor annahm. Er schulmeisterte mich, dass es genau an diesem Ort einen Aushang gibt; auf Deutsch, quasi eine Infotafel mit Wegweisern zu den jeweiligen Praxen. Aha, so ganz verblödet ist unsereins ja nun auch nicht! Als hätte ich die bereits von Weitem, total auffällige Infotafel beim Eintreten vor meiner Nase mitnichten bemerkt. Ich bedankte mich und dachte, ihn endlich schnell los zu sein. Aber kein Entkommen! Unablässig hat sich dieser Mann wohl als Lebensaufgabe meiner Person gewidmet: Man wurde ihn mit Höflichkeit um keinen Preis mehr los. Zu meinem Glück traf ich einen Fahrer vom Apothekendienst, fragte ihn sodann, ob er einem weiterhelfen kann. Und siehe da: Er beschrieb mir perfekt den Weg. Seiner Auskunft nach müsste dieses Gebäude wieder verlassen werden, dann rechts, der Rosenhügler Straße folgen. Er meinte, es stimmt zwar, dass diejenige Praxis hier im Gebäude sei, aber beim Bau ein peinliches Versehen auftrat, wobei eine Wand irrtümlich errichtet wurde, und somit der Eingang zur bezeichneten Praxis nur von außen her, also ziemlich umständlich, möglich ist. Gott sei Dank, pro tempore, ein Problem weniger! Nun muss ich dazu auch noch mein unliebsames Anhängsel loswerden! Jenen obengenannten immigrierten Schürzenjäger, welcher mir durchweg ununterbrochen alldieweil auflauerte, welcher versuchte, von mir persönliche Informationen über höchst private Partnerbezie-

hungen hervorzulocken. Ich gab keinerlei Infos preis. Endlich, am richtigen Eingang angekommen, gebührte ihm
meine Dankbarkeit für seine Begleitung, mit einem:
»Tschüss und einen schönen Tag.« Ich schaute aus dem
Flurfenster, zu meiner Überraschung, doch dieser Typ blieb
penetrant am Eingang, wie feste angewachsen, auf seinen
Posten. Na gut, erst einmal in die Praxis, habe gerade mal
ein paar Minuten Zeit. Zielstrebig lief unsereins zur Theke,
stellte mich kurz vor, erledigte ebendiese übliche Anmelde
Prozedur mitsamt dem Herzeigen meines Transgender-Er-
gänzungsausweises. Ich vermittelte der Praxishelferin das
ich mit meinem Namen Frau Nancy Zecca angeredet werden möchte. Die Praxishelferin bestätigte, dass dies kein
Problem sei, ich sollte noch einen Moment Platz nehmen.
 Die Minuten kamen mir vor wie Stunden. Ich hörte den
Arzt sprechen, und gekichert wurde es von den Damen, zu
hören, ich bildete mir ein, dass es um meine trans Identität
gehe. Vielleicht bin ich auch schon paranoid, wer weiß das
schon. Endlich das Warten hat ein Ende. Ich hörte über
der Sprechanlage, Frau Zecca bitte.

Ich bin endlich aufgerufen, das Warten hat ein Ende. Aber
vorab ist wohl oder übel kaum umhinzukommen, einen allgemeinen Patienten-Fragebogen zu beantworten. Es sind
äußerst zweifelhafte Fragen darunter, zumindest in puncto,
Arbeitsbeschaffung.

Jene Sprechstundengehilfin stellte einige Fragen an mich, vor der eigentlichen Untersuchung, angesichts meiner Krankheiten. Gut, auf derartige Fragen ging unsereins ja zuvor bereits ein. Das ich Diabetiker sei und auch eine Augen Operation hinter mir habe, genauer gesagt eine neue Linse im rechten Auge. **Aber dann wurden sehr schamlose Fragen gestellt, etwa, nach den Intimleben bis ins haarkleinste Detail mit meiner Frau. Wie und ob ich mich in meinem doch schon fortgeschrittenen Alter, Selbstbefriedigen würde.** Ich schluckte und war für einen Moment äußerst entsetzt. Meine Antwort ergab unter keinen Umständen genau das, was diejenige Dame daraufhin normalerweise hören wollte. Denn über dieses Thema spricht man ja nicht mit jeden. Sie äußerte, sie mache lediglich ihren Job.

Ich antwortete ihr: »Ich bin nicht bereit, ihnen persönliche Tipps zu geben, wie sie in ihrer Partnerschaft, besser ihr Sexualleben auffrischen können. Und wie oft machen sie es sich selbst?«

Sie: »So kommen wir nicht weiter, da muss sich der Dr. Selbst darum kümmern.« Der Herr Doktor kam und bat seine Angestellte, uns beiden alleine zu lassen. Er zu mir: »Sie sind der Herr Antonio Mario Zecca?« Ich räusperte mich, mit einem: »Herr Dr. med-Redbrake sie wissen schon das ich unser Gespräch, hier und jetzt beenden kann. Ich bin eine Transfrau und habe meinen Ausweis vorgelegt, ich bin nicht bereit das sie meine Integrität infrage stellen. Ich finde das sie, sehr respektlos ihre Patienten behandeln. Sie können sich bei ihrer Fachangestellten etwas abgucken, denn sie hat mich mit Frau Zecca angesprochen. Ich werde mich beschweren über sie, sollte es noch einmal zu solch einer Unverschämtheit ihrerseits kommen.« Der Doc mit einem: »Tut mir leid.« Ich: »Gut, können wir dann, anfangen ich habe meine Zeit auch nicht da zu da, sie sinnlos zu verschenken.« Er: »Sie sind sehr impulsiv, kann das zutreffen.« Ich: »Sie wissen gar nicht, wie recht sie damit haben.« Er: »Nun warum ich sie eingeladen habe Frau Zecca, das Jobcenter möchte nun mal wissen, inwieweit sie noch vermittelbar sind. Es gibt da ja ein Gesundheitsgutachten, das ja mal vor einigen Jahren erstellt worden ist. Da stellt sich schon die berechtigte Frage, ob sich das bei ihnen Frau Zecca, nicht doch zum Guten gewendet hat. Wie sehen sie das?« Ich: »Im Gegenteil, ich glaube, es ist schlimmer geworden. Zum Beispiel habe ich Angstzustände, wenn ich Autofahren soll. Es reicht mir schon, wenn ich mit Öffentlichen Verkehrsmittel fahren muss. Ich kann nun mal nicht mit Menschen zusammen in engen Räumen sein, die Gefahr kommt ja nicht von den anderen Menschen, sondern von mir. Ich könnte dann ausrasten, wenn mich jemand anstupst, könnte ich demjenigen, direkt eine ins Antlitz pfeffern.« **Letzten Endes zählt wahrheitsgetreu für eine Eingliederung in Arbeit nichts weiter als, dass man gesundheitlich und geistig für einen bestimmten Job geeignet ist, mehr nicht!**

Weitere Fragen an mich vom Doc. Redbrake: »Wie sehen sie das Gutachten, dass 2010 über sie Frau Zecca erstellt worden ist, trifft es denn aus ihrer Sicht darauf zu?«

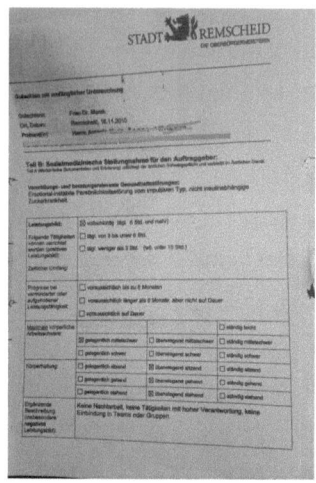

Ich: »Denke schon.«

Doc: »Ich kann umher auch nichts anderes in dem Gutachten ändern, es bleibt alles beim Alten.« Ich dachte, dass die Untersuchung hier endet, doch weit gefehlt. Der Doc mit einem: »So Frau Zecca dann ziehen sie sich mal bis auf die Unterwäsche aus, legen sie sich dann auf die Liege, ich will sie dann körperlich unter-suchen.« Ich mit einem: »Das werde ich nicht machen, ich bin hierher eingeladen zu einer psychologischen Beurtei-lung, nicht wie auf einem Pferdebasar, auf meine körperli-chen Missstände untersucht zu werden, wollen sie sehen, ob ich Eier und einen Schwanz habe?« Ich unterstrich die-ses noch mit dem Ausruf: »Fassen sie mich an, Herr Dok-tor, fliegen sie durch das geschlossene Fenster.« Der Arzt entsetzt fragt: »Meinen sie das im ernst?« Ich mit einem »Und ob!« Redbrake antwortet: »Wenn sie die Untersu-chung nicht möchten, dann brauchen sie diese nicht zu-stimmen.« Er kam jetzt noch auf meinem Diabetes zu spre-chen, ich sollte die Augen schließen, auf einem Bein stehen bleiben nach Möglichkeit ohne zu wackeln. Dann sollte ich auf dem Strich balancieren, ich wackelte ein wenig und entschuldigte es, mit einem, dass ich hochhackige Stiefel anhabe und damit noch nie auf dem Strich unterwegs gewesen bin. Der Arzt mit einem räuspern: »Ist gut, man sagt ja, das Diabetiker insbesondere an Gleichgewichtsstörung leiden.« Ich: »Bei anderen vielleicht, ich nicht.«

Der Dr. med. Redbrake kam jetzt auf das Thema Transfrau zu sprechen. Er fragt: Haben sie mal daran gedacht, an einer Hormonbehandlung, einer Geschlechts angleichenden Operation?«

Ich antworte: »Sie sind doch Mediziner oder habe ich es falsch verstanden, muss ich sie wirklich darüber aufklären, das die körperlichen Merkmale, sowie die sexuelle Ausrichtung nichts mit der Tatsache zu tun hat, das ich nun mal eine Transfrau bin.« Ich wurde so langsam ›fuchsig‹. Ich jetzt etwas lauter: »**Wenn sie es genau wissen wollen Herr Doktor, ich bin eine Transfrau. Ich bin nicht transsexuell. Das ist schon ein Unterschied. Sie als Psychologe müssten es im eigentlichen Sinne wissen. Ansonsten wären sie besser daran, ihren Beruf zu wechseln. Ich find solch einer Fragestellung empörend! Sie kennen doch bestimmt den Ausspruch, Menschenrechte sind nicht verhandelbar.«** Er: »Gut dann sind wir fertig, ich schreibe das Gutachten und schicke es dem Jobcenter zu, aufwiedersehen Frau Zecca.« Ich: »**Geht doch, Tschüss!**« Erbost verließ ich die Praxis, ich war dermaßen angespannt, dass sich meine Fingernägel, in meinen eigenen Handballen bohrte. Jetzt fehlt nur noch, dass mein Schatten immer noch auf mich wartet, vor dem Eingang, das würde ihm nicht gut bekommen. Ich schaute aus dem Flurfenster, der aufdringliche Kerl lief nervös auf und ab, vor dem Eingang der Praxis. Ich dachte, kann der Tag noch schlimmer enden. Ich ging zu Ausgang, wartete einen Augenblick, ich versuchte es mit Atemtechnik, ich musste erst einmal emotional runterkommen, wer weiß wie ich auf eine weitere Anmache sonst reagiere. Auf einmal hörte ich von draußen, dass sich mein Schatten unterhielt, ein weiterer Herr stand vor dem Eingang. Auf einen gangbang meinerseits, habe ich wirklich keinerlei Lust. Ich schmunzelte in mich hinein, öffnete die Tür, zu meinem Erstaunen waren die beiden Männer weiter gegangen. Ich gab einen Seufzer der Erleichterung ab. Sie waren noch zu sehen, ich wechselte die Straßenseite, wollte um keinen Umständen den beiden in die Arme laufen. Ich nahm einen kleinen Umweg in Kauf, kam so entspannt an der Bushaltestelle an. So habe ich diesen Tag, doch souverän gemeistert.

Corona Ade?

01.06.2022

Corona Ade?

Was für ein Zirkus, und wie schnell unsereins die ach so geliebte- gelebte Freiheit verlieren kann!

2020 27. Januar: Die erste Infektion in Deutschland ist bestätigt: Ein Mitarbeiter des Autozulieferers Webasto in Stockdorf bei München hat sich mit Covid-19 angesteckt. 25./26. Februar: Baden-Württemberg und Nordrhein-Westfalen melden erste nachgewiesene Fälle. Weitere Bundesländer folgen, am 10. März hat Sachsen-Anhalt als letztes Bundesland seinen ersten Fall.

Verbreitung neues Coronavirus in Europa (Stand 25.2.20, 17:00 Uhr)

Ende Februar begann das Coronavirus sich auch mehr und mehr in Deutschland und anderen europäischen Ländern auszubreiten.

9. März: In Nordrhein-Westfalen gibt es die ersten deutschen Todesfälle. Gesundheitsminister Jens Spahn (CDU) mahnt zur Vorsicht und rät zur Absage großer Veranstaltungen. 12./13. März: Immer mehr Theater und Konzerthäuser stellen den Spielbetrieb ein. Die Fußball-Bundesliga pausiert. Wenige Tage später kündigen erste Konzerne an, Fabriken vorübergehend zu schließen.

Die leere Arena von Bayern München | Imago Images.

13.03.2020

Wegen Corona-Krise

Fußball-Bundesliga stellt Spielbetrieb ein sportschau.de

16. März: An den Grenzen zu Frankreich, Österreich, Luxemburg, Dänemark und der Schweiz gibt es Kontrollen und Einreiseverbote. In den meisten Bundesländern sind Schulen und Kitas geschlossen. 22. März: Bund und Länder beschließen strenge Maßnahmen: Ansammlungen von mehr als zwei Menschen werden verboten. Ausgenommen sind Angehörige, die im eigenen Haushalt leben. Cafés, Kneipen, Restaurants, aber auch Friseure müssen schließen. 25. März: Der Bundestag stellt eine "epidemische Lage von nationaler Tragweite" fest. Diese erlaubt der Regierung, ohne Zustimmung des Parlaments Verordnungen zu erlassen.

22. April: Die wirtschaftlichen Folgen der Corona-Krise sollen abgemildert werden. Für Firmen, Arbeitnehmer und Gastronomie werden milliardenschwere Hilfen beschlossen. 6. Mai: Etliche Bundesländer waren mit Lockerungen bereits vorgeprescht, nun beschließt der Bund: Die Länder bekommen weitgehend selbst die Verantwortung dafür, Beschränkungen aufzuheben – unter anderem für Hotels, Gastronomie, Geschäfte, Fahrschulen, Schwimmbäder und Fitnessstudios.

29. August: In Berlin protestieren Zehntausende gegen die Maßnahmen. Dabei kommt es zu Gewalt. Demonstranten durchbrechen Absperrungen vor dem Reichstag. Die Poli-

zei nimmt 200 Menschen fest. Unter ihnen auch der rechtsextreme Verschwörungstheoretiker Attila Hildmann.

2. November: Die Infektionszahlen steigen. Ein Teil-Lockdown mit Einschränkungen bei Kontakten und Freizeitaktivitäten tritt in Kraft. Bundeskanzlerin Angela Merkel hofft auf einen "Wellenbrecher"-Effekt, der einen Wendepunkt bei den stark steigenden Fallzahlen bringen soll. Das Ziel: ein Grenzwert von 50 Fällen pro 100.000 Bürgern in einer Woche. Nur dann sei eine Nachverfolgung der Infektionsketten durch die Gesundheitsämter möglich.

Angela Merkel | FILIP SINGER/EPA-EFE/Shutterstock

02.11.2020

Merkel zur Corona-Lage

"So etwas wie eine Naturkatastrophe"

18. November: Bundestag und Bundesrat legen fest, welche Beschränkungen Länder und Behörden wegen der Pandemie verhängen dürfen. Die bundesweite Inzidenz liegt bei 138,9.

2. Dezember: Der sogenannte Teil-Lockdown wird verlängert. Als erstes Land erteilt Großbritannien dem Impfstoff des Mainzer Herstellers BioNTech und des US-Pharmakonzerns Pfizer eine Notfallzulassung und startet seine Impfkampagne wenige Tage später.

21. Dezember: Das Vakzin von BioNTech/Pfizer erhält die bedingte Marktzulassung in der Eu. 24. Dezember: Die

zuerst in Großbritannien festgestellte Variante Alpha wird erstmals auch in Deutschland nachgewiesen.

27. Dezember: In der Bundesrepublik beginnen offiziell die Impfungen – zuerst für Menschen über 80 Jahre, Pflegeheimbewohner sowie Pflegekräfte und besonders gefährdetes Krankenhauspersonal. Zu den ersten, die in Deutschland den Wirkstoff der Unternehmen BioNTech und Pfizer erhielten, zählen eine 101-Jährige in Berlin, eine 95 Jahre alte Frau in Nordrhein-Westfalen und eine Krankenschwester in Frankfurt am Main.

Die 94-Jahre alte Martha Nadolph (l) erhält im Seniorenpark am Birkenwäldchen als erste Thüringerin von Doktor Juliane Mühlberg zum Impfstart in Thüringen die erste Corona-Impfung. | dpa

27.12.2020

Corona-Impfstart in Deutschland

Ein erster Schritt

20216. Januar: Der Impfstoff von Moderna wird in der EU zugelassen. Nach dem Mittel von BioNTech und Pfizer ist es der zweite in der Europäischen Union zugelassene Covid-19-Impfstoff.

19. Januar: FFP2-Masken oder OP-Masken in Bus und Bahn sowie beim Einkaufen werden obligatorisch. Alltagsmasken sind damit nicht mehr zugelassen.

27. Januar: Die Zahl der Infizierten in Deutschland übersteigt die Zwei-Millionen-Marke. Arbeitgeber werden ver-

pflichtet, Mitarbeitern in bestimmten Fällen das Arbeiten im Homeoffice anzubieten.

29. Januar: Der Impfstoff von Astrazeneca darf nun auch in der EU genutzt werden. Es ist die dritte Zulassung eines Covid-19-Impfstoffs in der Europäischen Union. Für Deutschland bleibt die Ständige Impfkommission bei ihrer Empfehlung, den Astrazeneca-Impfstoff nur unter 65-Jährigen zu verabreichen.

22. Februar: In mehreren Bundesländern dürfen Kinder wieder Schulen und Kitas besuchen. Es ist die erste größere Lockerung seit Dezember.

Schüler eine Grundschulklasse in Dresden sitzen an ihren Tischen. | dpa

22.02.2021

Corona-Krise

Schulen öffnen trotz steigender Infektionszahlen.

11. März: Die Europäische Arzneimittel-Agentur (EMA) lässt auch das Vakzin von Johnson & Johnson zu, das nur einmal gespritzt werden muss.

24. März: Nach massiver Kritik kippt Bundeskanzlerin Merkel die zuvor von Bund und Ländern vereinbarte "Osterruhe". In einer wohl historischen Erklärung entschuldigt sie sich für die Beschlüsse.

21. April: Der Bundestag beschließt eine Bundesnotbremse gegen die dritte Corona-Welle. Bei hohen Inzidenzen gelten unter anderem nächtliche Ausgangsbeschränkungen.

7. Juni: Mit dem generellen Wegfall der Priorisierung können sich in Deutschland alle Menschen ab zwölf Jahren gegen Corona impfen lassen. Ärzte fürchten einen großen Ansturm Impfwilliger.

8. Juli: Die hochansteckende Delta-Variante herrsche hierzulande mittlerweile vor, teilt das Robert Koch-Institut (RKI) mit.

16. August: Die Ständige Impfkommission (STIKO) empfiehlt Impfungen nun auch für Kinder und Jugendliche zwischen 12 und 17 Jahren.

7. September: Künftig sollen sich Maßnahmen gegen die Pandemie vor allem an der Zahl der Krankenhausaufnahmen orientieren, beschließt der Bundestag. Bisheriger Maßstab waren die Infektionszahlen. Beschlossen wird außerdem eine Auskunftspflicht über Impfungen: Arbeitgeber in Pflegeheimen, Schulen und Kitas sollen Beschäftige künftig abfragen können, ob sie geimpft sind.

Covid-19-Patienten auf der Intensivstation

EXKLUSIV

04.08.2021

RKI-Daten zur Corona-Pandemie

Neuer Indikator – neue Schwächen

1. November: Bei Verdienstausfällen wegen angeordneter Quarantäne erhalten die meisten Ungeimpften von nun an keine staatliche Entschädigung mehr.

24. November: Das neue Infektionsschutzgesetz tritt in Kraft. Es sieht unter anderem 3G am Arbeitsplatz, in Bus-

sen und Zügen vor – Zutritt also nur noch geimpft, genesen oder getestet.

26. November: Die Weltgesundheitsorganisation (WHO) stuft die im südlichen Afrika nachgewiesene neuartige Corona-Variante Omikron als "besorgniserregend" ein.

Logo der Weltgesundheitsorganisation | AFP

26.11.2021

Corona-Mutante B.1.1.529

WHO hält Virusvariante für "besorgniserregend"

2. Dezember: Bund und Länder bringen strengere Regeln auf den Weg, um die vierte Welle zu brechen. Die Kontaktbeschränkungen für Ungeimpfte werden verschärft. Bei hohen Inzidenzen werden Diskotheken geschlossen, die Besucherzahlen für Großveranstaltungen werden stark eingeschränkt.

20. Dezember: Mit dem Impfstoff Nuvaxovid von Novavax wird das fünfte Präparat in der EU zugelassen.

20227. Januar: Bund und Länder beschließen die 2G-Plus-Regel für Restaurants, Cafés und Kneipen. In einigen Bundesländern gilt diese bereits. Geimpfte und Genesene müssen demnach einen tagesaktuellen negativen Corona-Test oder eine Auffrischungsimpfung vorweisen.

24. Januar: Trotz des rasanten Anstiegs der Infektionszahlen wollen Bund und Länder die Corona-Maßnahmen vorerst nicht verschärfen.

1. Februar: Ohne Booster sind EU-Impfzertifikate künftig neun Monate nach der Grundimmunisierung gegen das Virus ungültig.

Eine Person hält ein Smartphone, das das digitale Covid-Zertifikat der EU zeigt, und einen deutschen Reisepass. | dpa

01.02.2022

EU-Impfnachweis

Ohne Booster noch neun Monate gültig

16. Februar: Bund und Länder einigen sich auf Lockerungen: Geimpfte und Genesene dürfen sich ohne Beschränkungen treffen. Die Begrenzung auf zehn Personen fällt weg.

16. März: Die sogenannte einrichtungsbezogene Impfpflicht gilt für Arbeitnehmer in Pflegeberufen. Vorangegangen ist eine lange Diskussion um eine Pflicht zur Corona-Impfung. Gespeist wurde sie aus der im europäischen Vergleich eher niedrigen Impfquote in Deutschland.

3. April: Die meisten staatlichen Corona-Auflagen fallen weg. Nach zwei Jahren ist im Einzelhandel der Einkauf ohne Masken möglich. Die Maskenpflicht gilt in der Regel nur noch in Bus und Bahn, in Krankenhäusern oder Pflegeheimen.

7. April: Im Bundestag scheitert ein Entwurf für eine allgemeine Corona-Impfpflicht deutlich, zunächst für Menschen ab 60 Jahren. 296 Abgeordnete stimmen dafür, dagegen sind 378.

Gesundheitsminister Karl Lauterbach gibt seinen Stimmzettel für eine Abstimmung zur Impfpflicht ab. | dpa

ANALYSE

07.04.2022

Abstimmung im Bundestag

Warum die Impfpflicht gescheitert ist.

24. Mai: Die STIKO empfiehlt nun auch gesunden Kindern zwischen fünf und elf Jahren eine Corona-Impfung.

24. Juni: In der EU wird der mittlerweile sechste Corona-Impfstoff zugelassen, erst ein mal nur für Menschen von 18 bis 50 Jahren. Das Produkt der Firma Valneva enthält abgetötete Viren.

2. September: Die Europäische Kommission lässt zwei an die Omikron-Variante angepasste Corona-Impfstoffe zu.

17. November: Die STIKO empfiehlt die Corona-Impfung für vorerkrankte Kinder von sechs Monaten bis vier Jahren.

20231. Januar: In den Bundesländern und bei Pflegeeinrichtungen hatte sie für viel Kritik gesorgt: Nun fällt die einrichtungsbezogene Impfpflicht weg.

11. Januar: RKI-Chef Lothar Wieler gibt nach rund acht Jahren seinen Rücktritt zum 1. April 2023 bekannt. Zum 1. April wechselt er ans Hasso-Plattner-Institut (HPI) in Potsdam.

2. Februar: Die Maskenpflicht im öffentlichen Fernverkehr endet. Damit fallen für die meisten Menschen in

Deutschland die letzten sichtbaren Corona-Schutzmaßnahmen im Alltag weg.

Quelle: Dpa.

In den öffentlichen Personenverkehr besteht noch Maskenpflicht. Außerhalb hat es den Anschein, als sei Corona ausgemerzt, aber der Schein trügt. Es bahnt sich die nächste Welle an, unteranderem sind die Affen los, genauer gesagt die Affenpocken sind auf dem Vormarsch, es soll sich bisweilen hauptsächlich unter Männer sich ausbreiten, die engen intim kontakt haben. Lauterbach, verkündet aber, dass es sich nicht um eine Stigmatisierung, einzelner sexuelle Ausrichtungen handelt.

Ab dem ersten Juni 2022 gibt es ein sogenanntes neun Euroticket, das im gesamten Deutschland in dem Nahverkehr benutzbar sei. Dieses habe ich mir einen Tag zuvor besorgt. Am ersten Juni beschloss ich, es einmal auszuprobieren, wie die Lage im öffentlichen Nahverkehr so funktioniert. Auf dem hinweg kam es zu meiner Überraschung zu keiner Störung mit der Bahn. Als ich den Hauptbahnhof betrat, kam es mir einmal mehr vor, als sei ich von einem anderen Stern. Neugierige zu Teil missblickende Passanten kreuzten meinen Weg zum Ausgang. Wieder einmal bestätigte es sich, dass in einer Großstadt wie Düsseldorf die Akzeptanz von Transpersonen nicht so praktiziert wird, wie in kleineren Städten. Außerdem ist die Situation von Reich und Arm der maßen groß. Aus dem Bahnhof heraus, Richtung Busbahnhof, sah ich aus den Augenwinkeln mehrere Männer in meine Richtung schauen. Lauthals verkündeten sie Interesse an meiner Person. Angewidert zog ich es vor, mit schnelleren Schritten das Weite zu suchen. Mir kommt es so vor, das die Menschen sich nun wieder mehr an schlechteres Benehmen, auf Kosten Minderheiten zu versuchen. Als die strenge Maskenpflicht bestand, kamen mir die Menschen oft toleranter entgegen, nicht wie jetzt. Obwohl die Abstandsregeln noch Bestand haben, wird gedrängelt, gepöbelt und beleidigt. Wem wundert´s da noch, dass sich nicht allzu weit von Deutschland, ein Land sich im Krieg befindet, wenn die Menschen es immer noch nicht begriffen haben das es nicht nur Schwarz und weiß gibt. Ich habe in den Gesichtern mancher Menschen gelesen, was sie von einer Person wie mir halten. Es bestätigt sich wieder einmal, das die Welt noch immer nicht reif für Veränderungen sei.

Zum guten Schluss, keine Lobeshymnen für die Deutsche Bahn, der Rückweg lief ganz anders ab. Ich musste über Essen nach Wuppertal ausweichen, da zwei Züge hintereinander ausfielen. So viel zum neun Euroticket von mir.

Termin beim Jobcenter

Termin für den neunten Juni 2022 12:15

Der Herr Steinbach hat es wohl geschafft in der Corona-zeit mir aus dem Weg zugehen, da ich gewillt war, telefonisch mit ihm zu kommunizieren. Nicht aber mit meiner neuen Fallmanagerin, eine Frau Koch möchte mit mir über meine berufliche Situation sprechen. Jetzt heißt es, ruhe zu bewahren und alles von Neuem erzählen, wie es um mich und meiner beruflichen Karriere steht.

Heute lerne ich meine neue Fallmanagerin kennen. Ich habe extra dafür eine komplett neue Garderobe mir zugelegt. Bei so einem spektakulären Anlass, nach so einer langen Pause, von nun mehr ca. zwei Jahren der persönlichen Begegnung, ein Gespräch von Angesicht zu Angesicht, muss man schon standesgemäß in Erscheinung auftreten. Es ist mein persönlicher Catwalk, zwar kann ich keinen Preis gewinnen, vielleicht aber mein Ansehen, bei dieser Amtsperson, so ihr vertrauen gewinnen, wohlgemerkt respektvoll von Frau zu Frau. Ich nahm meine Ehefrau mit, nach dem Termin können wir danach noch etwas Shoppen gehen. Wir fuhren nach Remscheid mit der Buslinie 664, wie immer starrten einen die Fahrgäste an, man ist es schon gewohnt. Als wir nun am Eingang des Jobcenters eintraten, wurden wir aufgefordert von dem Securitymitarbeiter, ihm die schriftliche Einladung vorzulegen. So dann beschrieb er uns den Weg, bemerkte noch, dass das Tragen einer FFP3-

Maske nicht erforderlich sei. Wir fuhren mit dem Aufzug in den zweiten Stock. Etwas nervös war ich schon, da es doch schon einige Zeit her war, das ich eine persönliche Unterhaltung auf dem Amt gehabt habe. Ich klopfte an die Tür, drückte die Klinke herunter, aber die Tür blieb zu. Ich setzte mich erst einmal hin. Warten war angesagt. Dann hörten wir Schritte und Gelächter, eine junge gut aussehende Frau kam in den Gang, zielstrebig auf die verschlossene Tür zu. Sie grüßte höflich mit einem: »Guten Tag.« Wir erwiderten: »Guten Tag.«

Sie: »Wollen sie zu mir.«

Ich: »Ja, wenn sie Frau Koch sind. Ich bin der Antonio Mario Zecca, ich bevorzuge aber, dass sie mich mit Frau Nancy Zecca ansprechen.«

Sie: » Ja ich bin Frau Koch, kommen sie mit rein, Frau Zecca.« Ich ging alleine hinein, meine Frau blieb auf dem Gang zurück. Frau Koch sagte: »Ihre Frau kann ruhig dabei sein. Ich winkte ab, mit der Aussage: »Meine Frau, kann unserem Gespräch, eh nicht folgen.« **Warum das so ist, gehe ich hier nicht näher darauf ein.**

Frau Koch: »Warum ich sie eingeladen habe, es geht um ihre berufliche Situation, es ist ja schon lange her das sie von uns eine Einladung erhalten haben, wie geht es ihnen Frau Zecca? Was macht das Bücherschreiben, was für einnahmen, haben sie bei ihrer Tätigkeit als Buchautor?«

Ich antwortete ihr: »Es sieht nicht so rosig aus. Ich habe ja keine Möglichkeit, großartig Werbung für meine Bücher zu betreiben, ich bin ja auch keine Berühmtheit. Es ist ja auch spezielle Literatur, es interessiert sich nicht jeder dafür.«

Sie: »Ja, genau aus diesem Grund, habe ich sie eingeladen. Sollen wir nicht mal versuchen, eine Arbeit für sie zu finden. Es ist zurzeit nicht einfach, dass wissen sie ja selbst auch. In ihren Alter schon gar nicht. Wie sieht es aus, sie bekamen von uns ein Stellengebot von der Diakonie, als Betreuungsassistenten, sie haben uns eine Absage ihrerseits zu kommen lassen. Warum?«

Ich: »Meine Psychologin hat mir erklärt, dass ich diesen Beruf nicht ausüben soll. Da ja meine Ehefrau nicht gesund sei, dass ich nicht auch noch im Beruf mich mit solcher art, Krankheitssymptome auseinandersetzen soll, ich würde mich damit überfordern.«

Sie: »Gut, das sie mir das sagen. Das wirft natürlich ein anderes Bild auf ihre Situation. Da nehme ich sie aus der Jobbörse heraus. Es hat ja keinen Zweck, ihnen solche Arbeitsangebote zuzuschicken. Was denken sie Frau Zecca, was können sie sich vorstellen, in welcher Tätigkeit sie sich einbringen könnten?«

Ich antwortete: »Ich weiß bei besten willen nicht, wo und wie ich mich bewerben kann. Es gibt ja ein neues psychologisches Gutachten über mich. Ich weiß ja nicht, was darin steht, in der Vergangenheit hatte ich Einschränkungen, das müssten sie vorliegen haben.«

Frau Koch: »Ja das alte Gutachten schon, aber sind sie da sicher, dass es ein neues gibt, denn mir liegt nichts Neues vor, ich schau mal im System, einen Moment bitte.« Ich war doch sehr erstaunt darüber, dass kein neues Gutachten vorlag. Dabei habe ich mir so viel mühe gegeben, bei dem Termin bei dem Dr. med. Redbrake.

Frau Koch: »Ich verstehe das nicht, ich finde kein neues Gutachten über sie. Können sie mir sagen, wann das gewesen ist, ihre Untersuchung und bei wem?«

Ich: »Es war am 30.11.2021, in der Praxis von Dr. med. Martin Redbrake in der Rosenhügler Straße. Ich weiß, dass noch ganz genau, weil ich da eine schlimme Erfahrung gemacht habe, es hat sich in meinem, Gehirn eingebrannt. Es muss doch vorliegen. Ich kann ihnen die Einladung zukommen lassen.«

Frau Koch: »Das ist seltsam, ich finde im System keine Aufforderung zur psychologischen Untersuchung, eigentlich müsste man eine neue Untersuchung anstreben. Jedoch, da sie ja angegeben haben, eine solche Einladung vorliegen zu haben, kann ich das ja nicht einfach neu anordnen. Es sind ja Kosten damit verbunden.« Ich: »Was mache ich jetzt?«

Frau Koch: »Wissen sie, was wir machen, wir lassen das jetzt erst einmal alles so wie es ist. Sie unterschreiben mir die Wiedereingliederungsvereinbarung, damit ist es dann gut.«

Ich: »Mit welchen Namen soll ich unterschreiben? Es ist für mich ja alles noch neu.«

Sie: »Sie können ruhig mit Nancy Zecca unterzeichnen, wenn sie das wollen.«

Da soll mal einer sagen, Behörden wären nicht lernfähig. Ich wurde aufgrund dessen, für heute entlassen. Ich muss schon sagen, dass mir die Frau Koch in meiner Karriere beim Jobcenter, bis dato am sympathischsten ist. Ich bin sehr respektvoll behandelt worden.

Doch so ein gewisses `Geschmäckle´ verdeutlicht dieser Sachverhalt unverblümt dennoch, im Nachhinein, so mein Gedankengang. Meine Fragestellung hierauf Bezug nehmend wäre:

Warum verschwand urplötzlich diese Begutachtung, welchen diesem Amt unter Umständen nun mal unnütz Steuergeld kostet? Ist womöglich deren psychologische Einschätzung etwa ein zu delikat und schwer verdaulicher Flop?

Heteropersonen erliegen einen Irrtum

Wenn ich daran zurückdenke, wie bei mir alles begann, erst das mit der homosexuellen Neigung in der Pubertät. Mit 13 Jahren ein femininer Jüngling, jedoch bin ich wirklich nie mit Homosexuellen in Verbindung getreten. Es waren immer Heteropersonen, die mich ansprachen. In der Gegenwart habe ich mich meistens auch nur mit Heteros eingelassen, dahingegen auch mit bisexuellen Männern. Seit ich in Frauenbekleidung unterwegs bin, ergaben sich hauptsächlich Kontakte mit bisexuellen Persönlichkeiten. Warum ist das so? Es liegt womöglich an den Homos an sich, aufgrund deren Anfeindungen, Beleidigungen und Ausgrenzungen, welche mir zuteilwurden. Als Crossdresser, Dwt, Transfrau und Transmann, wird man nicht wahrgenommen. Wie sieht es da denn bei den Heteros aus? Sogenannte Hetero-Männer haben ein falsches Bild von uns, zumindest gegenüber denen die `trans´ sind. Sie unterliegen einem schweren Irrtum. Was sie in uns zu sehen glauben, wissen nur diejenigen selber, denn wir Transpersonen sind keineswegs anders als alle anderen auch. Uns unterscheidet nur das Optische. Also was denken die Heteros, von unserer Spezies? Sie denken, weil wir ebenso im eigentlichen Sinne dieselben männlichen Geschlechtsmerkmale besitzen, dass wir in Sachen sexueller Lust anderweitige exotische Praktiken anwenden. Der Großteil ihrer existierenden Fantasie dreht sich da nämlich allenfalls um den buchstäblichen, Blowjob. Das wir diese Art von derlei Stimulanz insbesondere beherrschen. Ich kann von mir aus wohl kaum behaupten, dass man den Blowjob besser beherrsche wie eine Cis-Frau als solches. Gut es hat sich in der Vergangenheit diesbezüglich auch niemand beschwert, das muss ich leider Gottes schon zugeben. Es ist auch zur Schande meinerseits geschuldet, dass ich ansonsten nur noch per Hand sexuelle Praktiken anwende. Ich bin im Analverkehr weder aktiv noch passiv umtriebig und in meiner sexuellen Ausrichtung eher eine Sissi, also devot. Mein Bestreben bei dem Sex ist meinem Gegenüber zu dienen, ihn zu Befriedigen versuche, bis zum Höhepunkt. Meine eigene Befriedigung ist daher eine Nebensache. Um mich zu befriedigen, bedarf es mehr als das banale, ich brauche mit einem Partner sehr lange, es sei denn, ich kann mich total fallen lassen, dazu braucht es sehr viel Vertrauen, leider Gottes habe ich zu meiner Schande, das jetzt mit meinem Lebensgefährten auch nicht. In der Vergangenheit habe ich es hin und wieder mit einem wildfremden Mann erfahren. Dass ich devot bin, hat folgenden Hintergrund, weil man andererseits, außerhalb des sexuellen Lebens, sowieso immer sehr dominant agiert, aber selten Kompromissen unterliegt. Meine Befriedigung bekomme ich bei der Masturbation, in meiner Fantasie reicht es nicht aus, nur mit einem Mann Sex zu haben. Es spielt sich in meinen Gedanken immer, mit mehreren Personen ab. Seit ich nun 62 Jahre alt bin, ist mein Verlangen sehr zurückgegangen, einer seits bin ich froh darüber, doch glücklich bei Weitem nicht.

Das unterscheidet unsereins sowieso von Homos, nach meiner Meinung. Das mag außerdem jener Grund sein, dass annähernd jeder Homo mit Transfrauen nichts anfangen kann. Es ist bei mir nun circa 10 Jahre her, seitdem ich dergleichen anale Erotik praktizierte; ja so gut wie nie vorgekommen, weil ich wegen meines Aussehens nonverbal angegriffen wurde. Woran es liegt weiß nur der liebe Gott. Aus meiner Sicht ist mir dieses Phänomen jedoch sehr bewusst. Ebendas zeige ich durch meinen souverän aufrechten Gang. Unsereins kann brenzlige Situationen eben vorab gut abschätzen, da ich Selbstverteidigung, bereits von Kindesbeinen an, innehabe. Es sind solcherlei unschöne Andeutungen vonseiten muslimischer Menschen ohnehin schon vorgekommen, nicht nur! Auch manche Deutschen missbilligen mein Erscheinungsbild zunehmend. Ich gehe damit aber recht cool um. Es ist eine Schande als solches, das Menschen, nicht normgerechte Charaktere, nur wegen ihres anderen Aussehens, ihrer Herkunft oder Glaubensüberzeugung vorverurteilen.

Externe Sichtweisen.

Ende August wurde ein junger Transmann am Rande eines Christopher-Street-Day-Festes in Münster brutal zusammengeschlagen. Der 25-Jährige starb später im Krankenhaus. Eine Woche später attackierte eine Gruppe Jugendlicher eine Transfrau in einer Bremer Straßenbahn. Laut der Polizei beleidigten die Täter die 57-Jährige und rissen ihr die Perücke vom Kopf. Ein Jugendlicher soll ihr anschließend mehrfach mit den Fäusten ins Gesicht geschlagen haben.

Die beiden Angriffe bestürzten und verunsicherten viele in der Trans-Community. "Wir fühlen uns in der Öffentlichkeit sowieso oft nicht so wohl und sicher", erzählt Finn Müller. Müller arbeitet im Rat-und-Tat-Zentrum für queeres Leben in Bremen. "Gerade nach den Angriffen überlegen wir alle, ob wir jetzt wirklich mit Rock auf die Straße gehen, Schmuck tragen, oder wie wir uns überhaupt verhalten wollen."05.09.2022 Bremen-Transfrau in Bahn angegriffen radio bremen.

Faeser: Bewusstsein in unserer Gesellschaft schärfen.

Das Bundeskriminalamt hat im letzten Jahr 1051 trans- und homophobe Straftaten registriert. "Wir gehen aber immer noch von einem großen Dunkelfeld aus, das wir ans Licht bringen müssen, um den Betroffenen helfen zu können", so Bundesinnenministerin Nancy Faeser. "Deshalb müssen wir das Bewusstsein überall in unserer Gesellschaft schärfen."

Besonders auffällig bei den jüngsten Angriffen in Münster und Bremen ist das Alter der mutmaßlichen Täter. Bei der tödlichen Attacke in Münster gilt ein 20 Jahre alter Mann als tatverdächtig. Beim Angriff in der Bremer Straßenbahn ermittelte die Polizei vier Verdächtige zwischen zwölf und 13 Jahren.

Gerade der Umstand, dass es oft Jugendliche sind, von denen die Gewalt ausgeht, zeigt, wie wichtig es ist, da auch mehr zu machen", sagt Finn Müller vom Beratungszentrum Rat und Tat. Müller geht mit einem ehrenamtlichen Team in Schulklassen. Oft erklären sie erst mal, was Begriffe wie Transgender bedeuten und bieten Raum für Fragen. Quelle: Radio Bremen.

Quelle: Anastasia Biefang, stellvertretende Vorsitzende Queer Bw e.V.

"Das fängt an von, mal auf die Straßen und dann wird einem hinterhergerufen: Scheiß Transe! Das sind Blicke nachts in der U-Bahn, wenn man irgendwo zwischen den Klubs fährt. Und das kann auch sein, auch bei Freunden erlebt, bis hin zu körperlicher Gewalterfahrung, wo man einfach aufgrund dessen, wie man ist oder wer man ist, einfach Opfer einer Gewalttat wird."

Laut einer Umfrage hat jede zehnte trans Person in Deutschland innerhalb eines Jahres körperliche oder sexuelle Angriffe erlitten. Aus Transfeindlichkeit. Eine extrem hohe Zahl.

Anastasia Biefang ist Oberstleutnant. Nebenher setzt sie sich für queere Menschen bei der Bundeswehr ein.

Quelle: Anastasia Biefang, stellvertretende Vorsitzende Queer Bw e.V.

"Der Geschlechtsausdruck, den jemand hat, der liegt nicht daran, ob ich einen Penis oder eine Vagina habe, sondern es ist erst einmal die Selbstbeschreibung dessen, wer ich denn bin als Mensch und wie ich mich denn identifiziere mit meinem Geschlecht."

In der Bundeswehr ist Biefang mit ihrer Transidentität völlig akzeptiert. Draußen jedoch wird die Stimmung immer feindlicher gegen trans Menschen. Zeitgleich werden die Eckpunkte für das geplante Selbstbestimmungsgesetz der Bundesregierung diskutiert. Menschen, auch Jugendlichen, soll ermöglicht werden, ihr Geschlecht in amtlichen Dokumenten ändern zu können.

Ein Unbehagen gegen Transsexualität macht sich in Teilen der Bevölkerung breit. Doch wie wird daraus ein Hass, der sich durch Gewaltexzesseahn bricht?

Eigentlich geht es doch nur um mehr Rechte für trans Menschen. Es geht um Minderheitenschutz!

Ich war immer der Meinung, die Menschheit wäre weiter.

Jetzt wird von machen Glamourmagazin wie Emma, gegen uns trans Identitäten gewettert, was das Zeug hergibt. Es wird behauptet, dass unsereins, da wir ja keine Frauen seien, aus der Sicht von Alice Schwarzer. Das wir in die Intimsphäre der CIS Frauen eindringen würden. Bestrebt wären, in Frauenhäuser einzudringen, sowie in Damenumkleideräumen oder Damentoiletten. Ich nehme mir das Recht heraus, in öffentlichen Damentoiletten zu gehen, ich bin eine Transfrau und kann es mit meinem Dokument beweisen, punkt und gut. Es wird in solchen Medien angeprangert, dass es nur zwei Geschlechter gebe, eben nur Frau und Mann. Dabei ist es in der Wissenschaft nachgewiesen, dass es weit mehr Geschlechtervielfalt gibt, es ist nicht alles nur Schwarz und Weiß. Es wird dabei behauptet, dass es sogar eine Krankheit sei, diese sogar übertragbar wäre. Dass sich junge Menschen darauf einließen, es selber zuzulassen bei sich, nur weil einer oder eine Transperson, in ihrem direkten Umfeld, so in Erscheinung getreten ist. So ein Schwachsinn!

Ich habe es schon so oft erwähnt, dass ich nicht transsexuell bin, ich bin eine Transfrau, eine transgeschlechtliche Person. Ich finde das es wieder gefährlicher, auf den Straßen für uns ist, seit diese Art von Publikmachen, gegen unsereins stattfindet. Wenn man den Medien folgt, kann es einem schon Bange machen. Ich kann verstehen, warum sich unsereins nicht traut, sich in Damenkleidung auf die Straße zu wagen. Obwohl ich damit keine Probleme habe. Ich sehe mich nicht als Opfer!

Quelle: LSVD

•Selbstbestimmt trans- und intergeschlechtlich

9 KRITIKPUNKTE AN ALICE SCHWARZERS GEFÄHRLICHEN UND FALSCHEN THESEN ZU "TRANSSEXUALITÄT"

Ausführliche Kritik des Lesben- und Schwulenverbands zum Sammelband „Transsexualität: Was ist eine Frau? Was ist ein Mann? – Eine Streitschrift" von Alice Schwarzer und Chantal Louis

Wir legen ausführlich dar, warum die Thesen von Alice Schwarzer zu "Transsexualität" falsch und gefährlich sind. 9 Kritikpunkte an dem neuen Sammelband „Transsexualität: Was ist eine Frau? Was ist ein Mann? – Eine Streitschrift" von Alice Schwarzer und Chantal Louis zusammengetragen.

Der Lesben- und Schwulenverband (LSVD) hält die Erklärungen von Alice Schwarzer zum Thema „Transgeschlechtlichkeit" für grundlegend falsch und unverantwortlich. Sie sind gefährlich, weil sie sich gegen Verbesserungen in der rechtlichen Anerkennung, der gesundheitlichen Versorgung und der gesellschaftlichen Akzeptanz von trans* Menschen richten.

In diesem Beitrag haben wir 9 Kritikpunkte an dem neuen Sammelband „Transsexualität: Was ist eine Frau? Was ist ein Mann? – Eine Streitschrift" von Alice Schwarzer und Chantal Louis zusammengetragen. Wir legen ausführlich dar, warum die Thesen von Alice Schwarzer zu "Transsexualität" falsch und gefährlich sind. Denn in letzter Konsequenz ist das Buch ein Plädoyer dafür, es trans* Menschen so schwer wie möglich zu machen, sie in die Unsichtbarkeit zu drängen und als Problem und ungleichwertig darzustellen. Das ist ein fataler trans*feindlicher Irrweg!

Das Buch heizt eine Debatte weiter an, deren negative Auswirkungen trans* Menschen zu spüren bekommen. Zusammen mit dem Bundesverband Trans* haben wir auch die Broschüre „Soll Geschlecht jetzt abgeschafft werden" veröffentlicht. Darin informieren wir über Transgeschlechtlichkeit und das von der Bundesregierung geplante Selbstbestimmungsgesetz.

Vorbemerkung: Viele Menschen finden, dass der Begriff „Transsexualität" irreführend und falsch ist. Denn es geht nicht um Sexualität, sondern um Geschlecht. Daher verwenden auch wir die Begriffe "transgeschlechtlich" oder "trans*".

Inhaltsverzeichnis

1.Hormonbehandlungen und OPs werden nicht von heute auf morgen verschrieben, OPs finden vor Vollendung des 18. Lebensjahres nur sehr selten statt.

2.Besonders jungen trans* Personen wird in der Regel gerade nicht geglaubt.

3.Zunehmende Akzeptanz von trans* Personen führt zu zunehmender Sichtbarkeit

4.In homophoben Vorurteilen gilt auch Homosexualität als "Phase", "Trend" oder Resultat schlechter Erfahrungen

5."Verführungsthese": Kinder und Jugendliche "werden" aber nicht trans*, weil sie davon erfahren

6.Menschen "werden" auch nicht trans*, weil sie eigentlich lesbisch oder schwul sind, aber nicht akzeptiert werden

7.Seit Jahrzehnten ist "biologisches Geschlecht" weder das einzige noch das maßgebliche Kriterium für die Geschlechtszugehörigkeit

8.Entscheidungen sind nicht nur dann selbstbestimmt, wenn Alice Schwarzer sie als selbstbestimmt absegnet

9.Schwarzer verschweigt, dass es Länder mit Selbstbestimmungsgesetz gibt – ohne dass die beschworenen dramatischen Folgen eingetreten sind

1. Hormonbehandlungen und OPs werden nicht von heute auf morgen verschrieben, OPs finden vor Vollendung des 18. Lebensjahres nur sehr selten statt.

Das Buch basiert auf der Behauptung, dass es einen aktuellen Trend gäbe, bereits bei einer Rollenirritation zu schnell mit schwerwiegenden Hormonbehandlungen und Operationen zu reagieren. Bereits diese Ausgangsthese ist falsch. Es wird suggeriert, dass Kinder und Jugendliche nur einmal sagen müssen, dass sie trans* sind, und dann am nächsten Tag Hormone bekommen oder auf dem OP-Tisch liegen würden. Das ist nicht der Fall!

Es gibt medizinische Leitlinien. Operationen finden vor Vollendung des 18. Lebensjahres nur sehr selten statt. Trans* Personen müssen zudem in der Regel mehrere Jahre warten, bis die Kostenübernahme für geschlechtsangleichende Operationen genehmigt wird. Nach wie vor müssen trans* Personen in vielen Fällen kräftezehrende und kostspielige Rechtsstreitigkeiten mit den Krankenkassen führen, um die Kosten für geschlechtsangleichende Maßnahmen nicht selbst tragen zu müssen.

2. Besonders jungen trans* Personen wird in der Regel gerade nicht geglaubt.

Ferner wird behauptet, dass sobald jemand sagt, er*sie sei trans*, die Person nur bestärkt und nicht hinterfragt werde. Das entbehrt ebenfalls jeglicher Grundlage und widerspricht den Erfahrungen von trans* Kindern und Jugendlichen. Gerade weil Trans*geschlechtlichkeit als gesellschaftlich unerwünscht und nicht als gleichwertig gilt, bricht das Umfeld nicht in helle Freude und Jubelstürme aus. Besonders jungen trans* Personen wird in der Regel nicht geglaubt. Ihre Aussagen werden permanent angezweifelt.

3. Zunehmende Akzeptanz von trans* Personen führt zu zunehmender Sichtbarkeit

An Schwarzers Analyse stimmt, dass es mehr Sichtbarkeit von trans* Personen gibt und sich auch mehr trans* Personen outen. Das ist für uns weder schlimm noch eine Gefahr, sondern gut so. Schwarzer lässt unter den Tisch fallen, dass sich seit den 1990er Jahren einiges in der rechtlichen Anerkennung und der gesellschaftlichen Akzeptanz getan hat. Damals mussten sich trans* Personen für eine Änderung des Personenstands zwingend sterilisieren lassen, in geschlechtsangleichende OPs einwilligen und sich von Ehepartner*innen scheiden lassen. Letzteres weil gleichgeschlechtliche Ehe damals verboten waren. Auch gab es kaum positive Vorbilder oder Verständnis im sozialen Umfeld. Dass sich damals weniger Menschen für ein Coming entschieden, ist kaum überraschend.

Letztlich läuft Schwarzers Analyse darauf hinaus, es trans* Menschen so schwer wie möglich zu machen, Transgeschlechtlichkeit in die Unsichtbarkeit zu drängen und als Problem und ungleichwertig darzustellen. Das ist ein fataler und gefährlicher Irrweg!

4. In homophoben Vorurteilen gilt auch Homosexualität als "Phase", "Trend" oder Resultat schlechter Erfahrungen

In Schwarzers Augen gibt es eine Unterscheidung zwischen „echter" Transgeschlechtlichkeit und „unechter" Transgeschlechtlichkeit. Letztere sei nur eine „Phase", ein „Trend" oder Ergebnis schlechter Erfahrungen etwa von „sexueller Gewalt". Diese Beschreibungen von „Transgeschlechtlichkeit" erinnern uns an die homophoben Argumente, die regelmäßig gegen Lesben und Schwule ins Feld geführt werden. Lesben und Schwule kennen die Vorwürfe und Behauptungen, dass ihre Sexualität nur eine Phase sei, sie es eigentlich noch nicht wissen könnten oder aber schlechte Erfahrungen der Auslöser für ihre Homosexualität seien.

Zu Recht weisen Lesben und Schwule diese Vorurteile als homophob von sich. Diese Vorurteile machen nur Sinn, wenn Homosexualität und Transgeschlechtlichkeit nicht als gleichwertig anerkannt werden bzw. Heterosexualität und Cisgeschlechtlichkeit als erstrebens- und wünschenswert gelten. Denn niemand verweigert der Cisgeschlechtlichkeit oder Heterosexualität einer Person die Anerkennung, weil diese nur eine „Phase" oder „Trend" seien.

5. "Verführungsthese": Kinder und Jugendliche "werden" aber nicht trans*, weil sie davon erfahren

Allen Ernstes zitiert Schwarzer einen Psychologen, der behauptet: „Heute erklären schon Achtjährige, nach dem Blick auf ihr Smartphone, sie seien ›transsexuell‹.". Auch das widerspricht jeglicher Lebensrealität. Das von ihr verbreitete Zitat erinnert uns an die

Verführungsthese zu Homosexualität. Sie soll legitimieren, dass Kinder und Jugendliche möglichst nichts von Homosexualität erfahren sollen, weil sie sonst verwirrt und, Gott bewahre, noch selbst lesbisch oder schwul werden.

Dass Schwarzer das nun auf Transgeschlechtlichkeit überträgt, macht fassungslos. Und ja, das muss man leider schon deutlich so sagen, dass Schwarzer hier Gedanken verbreitet, die sich unter der Warnung vor einer angeblichen „Frühsexualisierung" im AfD-Programm wiederfindet. In Wirklichkeit wird damit eine Frühschikanierung junger Menschen durch Verschweigen, Abwertung und Abschreckung propagiert. Und diese findet tagtäglich statt. Trans* Personen haben ein hohes Risiko, Ziel von gewalttätigen Angriffen zu werden. In einer groß angelegten Befragung des Deutschen Jugendinstituts von 2015 berichteten 96 % (!) der befragten trans* und gender*diversen Jugendlichen, dass sie aufgrund ihrer geschlechtlichen Identität Diskriminierung erlebt hätten.

6. Menschen "werden" auch nicht trans*, weil sie eigentlich lesbisch oder schwul sind, aber nicht akzeptiert werden

Transgeschlechtlichkeit wird auch damit „erklärt", dass eigentlich lesbisch oder schwule Menschen diesen Weg wählen, weil sie nicht homosexuell sein wollen. Schwarzer zitiert den Psychiater Korte damit, dass

Transgeschlechtlichkeit ein regelrechtes „Homose-xualitäts-Verhinderungs-Programm" sei. Das ist falsch.

Zum einen gibt es auch lesbische und schwule trans* Personen. Zum anderen ist die Akzeptanz gegenüber Lesben und Schwulen in den letzten Jahrzehnten gestiegen. In dieser Logik hätte die Zahl von trans* Personen vor Jahrzehnten viel höher sein müssen. Außerdem steigt mit zunehmender Akzeptanz auch die Zahl nicht-heterosexueller Menschen, die ihre Identität leben und zum Ausdruck bringen.

Zudem zeigen Studien und Umfragen, dass trans* Personen deutlich mehr Diskriminierung und Gewalt erfahren als cisgeschlechtliche Lesben und Schwule, und Homosexualität gesellschaftlich akzeptierter ist als Transgeschlechtlichkeit.

Transgeschlechtlichkeit bei trans* Männern wird ebenfalls damit „erklärt", dass es ein Ausweg bzw. Irrweg sei, um engen Weiblichkeitsbildern zu entkommen. Das ist falsch. Mit dieser Erklärung hätte es vor 20 oder 30 Jahren viel mehr trans* Männer geben müssen, da die Möglichkeiten für Mädchen und Frauen deutlich beschränkter waren.

Da sich trans*weibliche Personen meist später outen, gleicht sich erst im Erwachsenenalter das Verhältnis zwischen trans*männlichen, trans*weiblichen und nicht-binären Personen an. In der weltweit größten

Studie unter erwachsenen trans* Personen (ca. 28.000 Teilnehmer*innen) gaben jeweils ungefähr ein Drittel der Teilnehmer*innen an, sich als trans*männlich, trans*weiblich oder als nicht-binär zu identifizieren.

Zudem teilen wir die Behauptung nicht, dass sich eine Anerkennung von trans* Menschen und eine Abschaffung von Geschlechterstereotypen ausschließen.

7. Seit Jahrzehnten ist "biologisches Geschlecht" weder das einzige noch das maßgebliche Kriterium für die Geschlechtszugehörigkeit

Alice Schwarzer behauptet, dass das biologische Geschlecht „fundamental geleugnet" werde. Diese Behauptung entbehrt ebenfalls jeder Grundlage. In Frage gestellt wird, dass das biologische Geschlecht zum einzigen Kriterium für die Geschlechtszugehörigkeit gemacht wird. Das nicht zu tun ist jedoch bereits seit dem Transsexuellengesetz (TSG) in den 1980ern anerkannter Konsens. Das TSG wurde zudem von ihr befürwortet. Sie verweist auch darauf, dass sie damals gerade dafür gekämpft hätte, dass trans* Frauen als „richtige" Frauen gelten.

Das Bundesverfassungsgericht hat ebenfalls geurteilt, dass Geschlecht mehr als Genitalien oder Chromosomen ist. Danach wird die Geschlechtszugehörigkeit einer Person nicht allein durch körperliche Geschlechtsmerkmale bestimmt, sondern wesentlich auch durch die geschlechtliche Identität.

Schwarzer verwahrt sich gegen einen subjektiven, angeblich beliebigen Umgang mit der Geschlechterzugehörigkeit. Aber was ist dann für sie die objektive Geschlechtszugehörigkeit? Die Frage „Was ist ein Mann, was ist eine Frau?" kann sie selbst nicht beantworten, ohne dann doch auf Biologie zu rekurrieren. Damit bekräftigt sie eine biologistische Verkürzung von Geschlecht, gegen die sie eigentlich ihr Leben lang gekämpft hat. Sie tritt laut Eigenaussage dafür ein, dass das biologische Geschlecht „keine den Menschen definierende Rolle spielen" dürfte, um es dann selbst zu machen. Dazu passt auch, dass nicht-binäre Menschen bei Alice Schwarzer überhaupt nicht vorkommen.

8. Entscheidungen sind nicht nur dann selbstbestimmt, wenn Alice Schwarzer sie als selbstbestimmt absegnet

Trans* Menschen und ihre Verbündeten kämpfen um Anerkennung und Akzeptanz. Sie fordern informierte, selbstbestimmte Entscheidungen. Schwarzer rutscht hier leider in eine Bevormundung. Es scheint, dass für sie Entscheidungen von Frauen und von anderen als Frauen sozialisierten Menschen nur dann selbstbestimmt sind, wenn sie diese nachvollziehen kann und selbst mit dem Prädikat selbstbestimmt absegnet.

Es ist auch widersprüchlich, dass sie einerseits beklagt, dass Menschen zu schnell in Hormonbehand-

124

lungen und OPs gedrängt würden, andererseits diese aber gerade als „Echtheitsbeweis" einzufordern scheint.

9. Schwarzer verschweigt, dass es Länder mit Selbstbestimmungsgesetz gibt – ohne dass die beschworenen dramatischen Folgen eingetreten sind.

Schwarzer spricht sich gegen das geplante Selbstbestimmungsgesetz aus. Mit diesem Gesetz will die neue Bundesregierung eine Änderung des rechtlichen Geschlechtseintrags grundsätzlich per Selbstauskunft beim Standesamt möglich machen und gängelnder Fremdbestimmung und demütigenden Begutachtungen ein Ende setzen. Schwarzer verweist auf Schweden und Großbritannien, wo ähnliche Gesetzesvorhaben – aus ihrer Sicht zum Glück – im letzten Augenblick gestoppt wurden.

Mal davon abgesehen, dass eine rechtliche Transition nicht unumkehrbar sein muss, lässt sie hier unter den Tisch fallen, dass es bereits mehrere Länder mit solch einem Gesetz gibt. Warum verweist sie nicht auf dramatische Folgen dieser Gesetze in Argentinien, Malta, Dänemark, Luxemburg, Belgien, Irland, Portugal, Island, Neuseeland, Norwegen, Uruguay und der Schweiz? Sie kann es nicht, weil es diese dramatischen Folgen nicht gibt!

Teile diesen Beitrag

Kontaktformular

SERVICE
•Datenschutz
•Impressum
•Sitemap
•Newsletter
•Mitgliedschaft kündigen

KONTAKT

Lesben- und Schwulenverband (LSVD) e.V.

Rheingasse 6

50676 Köln

Tel: 0221 / 92 59 61 0

E-Mail: lsvd@lsvd.de

Ich Teile diesen Beitrag sehr gerne weiter.

Nun gut ich will es damit erst einmal gut sein lassen. Es gibt im Internet noch so viel Gehetze über uns, da ist es nicht verwunderlich, das es vonseiten der sogenannten CIS Frauen und Männern Gewalt Androhungen gibt. Seltsam bei der ganzen Scheiße die verbreitet wird über unser eins, Akzeptieren uns nicht, aber wollen mit uns ihre perversen sexuellen Triebe ausleben. Das ist einvernehmlich für diese Würmer! Und da gibt es keinen Unterschied ob Frau oder Mann. Das find ich zunehmend als pervers. Wenn ich daran denke, wie oft ich angesprochen wurde, eher belästigt, mit Angeboten in der akuten Coronazeit als die Bordelle zu hatten. Da war es aus der Sicht von den Menschen, die Alice Schwarzer folgen, legitim einen direkt auf der Straße nach Sex anzusprechen. Einfach nur widerlich diese Doppelmoral.

Quelle: Linus Giese·
LIEBE, SEX & KÖRPER
·vor 4 Jahren·5 Minuten Lesedauer

Toiletten ohne Angst – Ja, wir sollten darüber reden, wo trans Menschen willkommen sind.

Die schlechten Witze über Toiletten und geschlechtliche Vielfalt sind alle gemacht. Was dabei vergessen wird: Wie es trans Menschen geht, die diese Kommentare verletzen und die verunsichert darüber sind, was ihnen bei einer so alltäglichen Sache wie dem Toilettenbesuch passieren könnte.

„Wenn du nicht sofort auf die Frauentoilette verschwindest, bist du fällig."

Vier, fünf Mal am Tag gehen wir im Schnitt auf die Toilette: Wir verbringen dort insgesamt zwischen 6 Monaten und 3 Jahren unseres Lebens.

Ich bin ein trans Mann und auch ich muss ab und an pinkeln: Wenn ich eine öffentliche Toilette brauche, nutze ich die Herrentoilette. Ich habe einen Bart und trage Herrenhemden. Als ich das letzte Mal aus alter Gewohnheit versehentlich eine Frauentoilette betrat, sahen mich Frauen dort etwas überrascht und abweisend an.

Etwa 0,2 Prozent der Bevölkerung sind trans. Anders ausgedrückt: Einer von 500 Menschen, denen ihr begegnet, ist statistisch gesehen trans. Die Wahrscheinlichkeit, dass ihr bereits mit einem trans Menschen eine öffentliche Toilette geteilt habt, ist also ziemlich hoch – auch wenn euch das vielleicht nicht bewusst war.

Transfeindlicher Feminismus

Seit Jahrzehnten besuchen trans Männer Männertoiletten und trans Frauen Toiletten. Man könnte annehmen, dass sich über einen so alltäglichen Vorgang jede Form der Debatte erübrigt. Stattdessen beobachte ich mit großer Sorge, dass die öffentliche Diskussion zunehmend lauter wird. Mediale Aufmerksamkeit erfuhr das Thema zuletzt, als sich die CDU-Vorsitzende Annegret Kramp-Karrenbauer auf einer Karnevalsveranstaltung über Toiletten für Menschen lustig machte, die „sich nicht entscheiden können, ob sie im Stehen oder Sitzen pinkeln sollen". Der CDU-Politik Stefan Ott schrieb auf seiner Facebook-Seite: „Mit guten Recht kann [man] über den Irrglauben vom ‚Dritten Geschlecht' Witze machen – es ist nämlich ein Witz. Und wir sollten dafür sorgen, dass es auch so bleibt." Auch in den sozialen Netzwerken wird lautstark darüber diskutiert; an diesen Diskussionen sind vor allem sogenannte TERFs beteiligt – TERF ist eine Abkürzung, die für „trans exclusionary radical feminist" steht, also für einen Feminismus, der trans Menschen ausschließt.

Viele, die zum ersten Mal von TERFs hören, sind zumeist erstaunt: Was soll das für ein Feminismus sein, der andere marginalisierte Menschen ausschließt? Oder gar deren Existenz anzweifelt? Kann es so etwas wie einen ausgrenzenden

Feminismus überhaupt geben? TERFs stören sich vor allem daran, dass trans Frauen Frauentoiletten besuchen. Ihre Befürchtung ist, dass „Männer" sich als Frauen ausgeben, um sich Zutritt zu geschützten Frauenräumen zu verschaffen, also zum Beispiel auch zu Umkleideräumen, Frauenhäusern und anderen „Safe Spaces" für Frauen. Anders gesagt: TERFS wollen Frauen vor Frauen schützen. Als eine Twitternutzerin sich kürzlich darüber freute, dass ein Kino in Österreich genderneutrale Toiletten eingeführt hat – „for female and male costumers and everything beyond and between" – kommentierte eine TERF den Verzicht auf eine separate Frauentoilette mit den Worten: „einfach krank". Was mich immer wieder überrascht: Ich treffe in allen Schichten der Gesellschaft auf Transfeindlichkeit, auch unter scheinbar aufgeklärten Feminist*innen. Doch warum glauben sie, für eine gute und gerechte Welt zu kämpfen, in dem sie andere Menschen ausschließen?

Trans Frauen sind Frauen

Das Perfide an dieser Diskussion ist, dass trans Frauen dabei ständig als „Männer" bezeichnet werden, die sich lediglich als Frauen verkleiden. Darum sage ich an dieser Stelle noch einmal laut und nachdrücklich: trans Frauen sind keine „Männer", die sich als Frauen ausgeben, sondern Frauen – die nun mal Frauen sind.

Thomas Vitzthum, Politikredakteur der Tageszeitung WELT, schrieb Anfang Februar unter der Überschrift „Transsexualität: Brauchen Grundschulen eine Toilette für das dritte Geschlecht?": „Drei bayerische Gemeinden wollen bei Schulneubauten Toiletten für trans- und intersexuelle Kinder einrichten. Aber ist diese Maßnahme überhaupt sinnvoll?" Ich möchte bei solchen Artikeln immer „Halt! Stopp!" rufen, denn sie sind irreführend und schädlich, denn trans und die dritte Option sind zwei verschiedene Dinge. Dass sogar Journalist*innen, die für ihre Berichterstattung recherchieren und mit Expert*innen sprechen sollten, hier Fehler machen, unterstreicht, wie sehr es an Respekt und Wissen über geschlechtliche Vielfalt mangelt.

Denn es ist so: Eine dritte Toilette könnte für intergeschlechtliche Menschen oder nicht-binäre Menschen sicherlich eine sinnvolle Verbesserung sein, aber die meisten trans Menschen brauchen keine eigene Toilette. Sie brauchen die Sicherheit und gesellschaftliche Akzeptanz, die Toilette aufsuchen zu können, die ihrem Geschlecht entspricht. Jayrôme Robinet, trans Mann und Autor, schreibt in seiner Autobiografie von seinem ersten Besuch einer Herrenumkleide: „Was erwartet mich dort? Kieferbruch? Faust ins Gesicht?" Bei jeder Herrentoilette, die ich besuche, warte ich darauf, dass eine Kabine frei wird, weil meine Angst zu groß ist, das Pissoir zu benutzen. Als ich vor einigen Monaten die Toilette einer Raststätte besuchte, sprach mich ein Mann an und sagte zu mir: „Wenn du nicht sofort auf die Frauentoilette verschwindest, bist du fällig."

Die „Toiletten-Debatte" soll Angst schüren

Lasse ich mich trotz allem für einen Moment auf diese „Debatte" ein, stelle ich mir vor allem eine Frage: Wie möchte man überhaupt verhindern, dass trans Menschen die Toilette besuchen dürfen, die ihrem Geschlecht entspricht? Will man an allen öffentlichen Toiletten in Deutschland Zugangskontrollen einrichten? Sollen wir uns nur noch mithilfe unserer DNA Zutritt verschaffen? Wären Fingerabdruckscanner eine Lösung? Oder bekommen trans Menschen ein gemeinsames Erkennungszeichen auf die Kleidung genäht, um sie von cis Menschen zu unterscheiden und sie dann von den Toiletten auszugrenzen, die für sie die richtigen Orte sind? Und an welchen anderen Stellen würde ein solches Erkennungszeichen noch dazu führen, dass trans Menschen ausgeschlossen und abgewiesen werden: Umkleiden? Krankenhauszimmer?

Im englischen Sprachraum wird aktuell besonders vehement über Toiletten gestritten. Es vergeht kaum ein Tag, an dem sich keine Boulevardzeitung damit beschäftigt. Doch geht es TERFs wirklich um die Sorge davor, dass sich „Männer" als Frauen ausgeben, um sich Zutritt zu Toiletten zu verschaffen? Mein Eindruck ist, dass das Thema Toiletten stellvertretend dafür genutzt wird, trans Menschen ihre Identität abzusprechen. Unsere Welt verändert sich gerade zunehmend, doch trans Menschen gab es schon immer. Nur waren sie vielleicht noch nie so laut und sichtbar wie jetzt. Ich glaube, dass diese zunehmende Diversität ein Gewinn für unsere Gesellschaft ist, viele andere fühlen sich aber durch Veränderungen bedroht und eingeschränkt. Das Thema Toiletten wird dann dafür genutzt, Ängste zu schüren und die Existenz von trans Menschen zu problematisieren, um sie auszuschließen, einzuschränken und ihnen das Leben schwer zu machen.

Wie gelingt uns Akzeptanz?

Ich wünsche mir, dass wir uns davon lösen: Wir sollten nicht darüber debattieren, wie wir trans Menschen den Zugang zu Orten erschweren und verbieten können. Wenn wir darüber überhaupt über trans Personen debattieren, dann wünsche ich mir mehr Diskussion darüber, wie wir es als Gesellschaft schaffen, die Identität und Existenz von trans Menschen zu akzeptieren – am besten mit ihnen, um ihre Erfahrungen zu kennen.

Ich traf mich kürzlich mit einem jungen Menschen, der sich fragt, ob er selbst ein trans Mann ist und der mir viele Fragen zu mir und meinem Leben stellte: Darf ich als trans Mann die Herrentoilette besuchen? Darf ich als trans Mann in die Herrenumkleide? Darf ich als trans Mann noch ins Fitnessstudio gehen? Oder ins Schwimmbad? Das Gespräch blieb mir noch lange Gedächtnis, weil es so offensichtlich machte, welche Ängste, Sorgen und Unsicherheiten viele trans Menschen bereits bei ganz alltäglichen Dingen haben. Und diese Angst sollte keine trans Person haben müssen. Trans Personen sollten darauf vertrauen können, dass sie auf anderen Menschen treffen – überall – die sie akzeptieren und sie dabei zu unterstützen, ein Teil unserer Gesellschaft zu sein.

Quelle:

Zitat: des Synodalforums IV

„Leben in gelingenden Beziehungen.

- Liebe leben in Sexualität und Partnerschaft."

Zur ersten Lesung

Auf der vierten Synodalversammlung (8.-10.9.2022)

Für den Handlungstext

„Umgang mit geschlechtlicher Vielfalt"

[Abstimmungsergebnis im Forum: 21 Ja]

Einführung

Unter uns, in unserer Mitte, befinden sich intergeschlechtliche und transgeschlechtliche Menschen, die mit festem Glauben, mit Gottvertrauen, mit Jesus an ihrer Seite durch ihr Leben.

gehen. Doch die Kirche erschwert ihnen nicht selten das Glaubensleben. In den vergangenen

Jahren ist ein stärkerer Fokus kirchlicherseits auf trans- und intergeschlechtliche Menschen zu

beobachten – leider nicht im Sinne einer wohlwollenden pastoralen Begleitung oder einer Rezeption aktueller theologisch-wissenschaftlicher Forschung zu der Thematik. Unter Rückgriff auf

die biblischen Schöpfungserzählungen und mit dem Vorwurf der „Gender-Ideologie" werden intergeschlechtliche

und transgeschlechtliche (aber auch homosexuelle) Menschen vermehrt aus gegrenzt, pathologisiert und verächtlich gemacht. Das römisch-katholische Lehramt kennt nur
die ausschließliche Zweigeschlechtlichkeit in Form von Mann und Frau, die an körperlichen Kriterien festgemacht wird. Dabei verkennt bzw. missachtet das Lehramt weitestgehend Erkenntnisse aus Psychologie, Medizin und Anthropologie, nach denen Geschlecht auch nicht-binäre
Varianten kennt und weitere Dimensionen enthält: die Geschlechtsidentität (das Wissen eines
Menschen über sein eigenes Geschlecht) und den Geschlechtsausdruck (die Handlungsweisen
und Präferenzen, die gesellschaftlich häufig einem bestimmten Geschlecht zugeschrieben wer den).
2
Diese Verächtlichmachung und Ausgrenzung, diese mutwillig negative Politisierung von inter und transgeschlechtlichen Personen in Kirche und Gesellschaft hat oft gravierende Folgen für
die Betroffenen. Trans- und intergeschlechtliche Personen haben an vielen Stellen in Bürokratie
und Gesellschaft große Schwierigkeiten rechtliche und soziale Anerkennung und Unterstützung
zu finden. Transgeschlechtliche Personen im Besonderen werden häufiger Opfer von Gewalt und
verbaler Anfeindung. Auch im innerkirchlichen Raum sehen sich inter- und transgeschlechtliche

Personen einer erhöhten Gefahr gegenüber, Opfer sexualisierter und/oder spiritualisierter Gewalt zu werden, da die Lehre und das Recht der Kirche aufgrund der naturrechtlichen Festlegung

der Binarität für ihre Identitäten überhaupt keinen Platz vorsehen, ihnen allenfalls höchst pre käre und verletzliche Positionen zuweist, und Täterstrategien auf solch vulnerable Menschen

abzielen. Ihre oftmals prekäre Stellung in familiären, gesellschaftlichen und kirchlichen Kontex ten führt zu Minderheitenstress. Aus diesem Grunde treten psychische Erkrankungen wie etwa

Depressionen bei trans- und intergeschlechtlichen Personen vermehrt auf. Nicht zuletzt sät ihre

kirchliche Ausgrenzung und Verächtlichmachung Glaubenszweifel. Gottvertrauen wird massiv

erschüttert, wenn das eigene So-Sein, welches man nicht ändern kann, keine Akzeptanz und

keine Unterstützung erfährt.

Antrag

1. Auf deutscher Ebene lassen sich konkrete Verbesserungen für inter- und transgeschlechtliche.

Gläubige umsetzen. Wir fordern die Bischöfe dazu auf folgende Aspekte in ihren (Erz-)Diözesen umzusetzen bzw. zu ermöglichen:

1. Für intergeschlechtliche Kinder (bei unklarer Geschlechtsidentität) soll es ermöglicht.

werden, den Geschlechtseintrag im Taufregister wegzulassen oder wie mittlerweile im

Deutschen Recht vorgesehen „divers" einzutragen. Wenn sich zu einem späteren Zeitpunkt zeigt, dass sich die intergeschlechtliche Person einem bestimmten Geschlecht zuordnet, soll der Geschlechtseintrag im Taufregister unkompliziert geändert werden können.

2. Transgeschlechtlichen Gläubigen soll es ebenfalls ermöglicht werden ihren Personenstand, d.h. Geschlechtseintrag sowie ihre(n) Vornamen im Taufregister ändern zu lassen.

Hier wie auch für Punkt 1.1. sind Standards im kirchlichen Verwaltungsrecht zu etablieren.

3. Falls trans- oder intergeschlechtlichen Gläubigen das Sakrament der Ehe verwehrt sein

sollte, sollen ihnen Segensfeiern für ihre Partnerschaft offenstehen. Entsprechende Vorbereitungskurse sollen auch Paaren offenstehen, in denen eine oder beide Personen trans- und/oder intergeschlechtlich sind.

4. Auf pastoraler Ebene soll eine von Akzeptanz geprägte geistliche Begleitung für trans und intergeschlechtliche Gläubige gewährleistet sein. Dazu sollen in allen (Erz-)Diözesen

LSBTI*-Beauftragte etabliert und Fortbildungen für in relevanten Bereichen tätige Kirchenangestellte angeboten werden. In Kirchengemeinden und katholischen Organisa-

tionen soll Sensibilisierung für das Thema geschlechtliche und sexuelle Vielfalt betrieben
 werden.

Etwas aus meiner Kindheit

In der Corona Zeit, wurde es mir bewusst, dass ich nicht nur ein Crossdresser bin. Es ist mehr für mich als nur in Damenoutfit auf die Straße zu gehen. Ich wusste nicht, was auf einmal mit mir los war. Als Crossdresser habe ich nur ab und zu, das verlangen gehabt mich in der Öffentlichkeit in Kleidern zu zeigen. Jedoch von einem auf dem anderen Tag, wurde es mir bewusst, dass ich von Kindheitstagen an, anders bin. Vielleicht war es meinem Erzeuger (Vater), eher bewusst als mir selber, hat er in mir ein kleines Mädchen gesehen? Kann mir mal einer erklären, was Väter antreibt,

 sich an kleine eigenen Kindern sexuell zu vergreifen? Ich weiß es nicht, ob er es schon damals getan hat, in dem Alter wo ich auf dem Bild zu sehen bin. Ich kann mich daran nicht mehr erinnern. Ich weiß es nur noch das er es versucht hat, da war ich so 9 Jahre alt. Ich habe vor einiger Zeit meinem Cousin, es erzählt. Er sprach mich darauf an, warum ich meinen Vater so gehasst habe. Als ich ihm das erzählte, wurde er kreidebleich, seine Reaktion, wenn ich das gewusst hätte, ich wäre nach Italien gefahren und hätte ihm eins aufs Maul gehauen. Man muss dazusagen, ich war 9 Jahre alt und habe es damals selbst erledigt. Nur nicht das ich ihm eins auf dem Maul gehauen habe, nein ich habe ihm die Nase gebrochen. Ach wie lange ist das schon her. Heute kann ich

immer schmunzeln, wenn ich an diesen Tag zurück gedenke, es hat meine Persönlichkeit geprägt, zu der Persönlichkeit die ich heute bin. Aber nun zurück zu meiner Großmutter. Meine Großmutter hat mich, wie ein kleines Mädchen heraus geputzt. Ich hatte lange Blonde lockige Haare, die meine Großmutter immer lange gebürstet hat. Ich wollte nie Fußball spielen mit den Jungs. Ich spielte lieber mit Puppen. Meiner Mutter, Gott hab sie selig, begann mit meiner Oma einen Streit, da war ich so 6 Jahre alt. Sie machte meiner Oma die Hölle heiß. Das sie zulässt das ich in Kleidern und Röckchen bei ihr zu Hause herum tollen darf. Mit Puppen spielen soll, anstatt wie andere Jungs in meinem Alter, die Fußballspielen. Dass ich ein Junge sei, wenn meine Oma kein einsehen hat, dürfte ich nicht mehr zu meiner Oma. Meine Mutter war in dieser Hinsicht sehr streng. Als Erstes ihrer Tat, sie schnitt meine herrlichen Locken ab, ganz kurz. Sie sagte noch: »Jetzt siehst du aus wie ein Junge.« Ich war bitterlich am Weinen. Meine Mutter mit dem Ausruf: »Ein Junge weint nicht, stell dich nicht so an.« An diesem Tage erkannte ich meine Mutter nicht wieder. Es half ja nicht, ich musste mich fügen, ich will ja auch weiterhin meine geliebten Großeltern mütterlicherseits sehen dürfen. Von nun an war ich ein kleiner Raufbold, allerdings noch zu schüchtern, das gefiel meiner Mutter so gar nicht. Deshalb hat sie mich bei einem Judoverein angemeldet, mit dem Hintergedanken das ich endlich etwas meine Schüchternheit ablege. Heute bin ich diesem Umstand, meiner

Mutter dankbar dafür, so konnte ich meinen Vater mit 9 Jahren, in seine Schranken verweisen. Es hat mich geprägt, so das ich mehrere Kampftechniken erlernte, bis im Erwachsenen alter. Leider verlor ich meine Großeltern sehr früh im alter von 8 und 9 Jahren. Es war danach eine harte Zeit für mich. Meine Mutter hat wenig Zeit, mein Vater war stets am herum Huren. Nun kam mein Cousin nach Deutschland, ich habe stets ein gutes Verhältnis zu ihm gehabt, das es da auch mal von Zeit zu Zeit etwas zu intim mit ihm wurde, war ich zu meiner Überraschung gar nicht so sehr abgeneigt. Ganz im Gegenteil, seine Beule in der Hose, hat mich in der Kindheit eher fasziniert. Es blieb aber nicht aus, dass der Tag kam, wo er aus unserem zu Hause ausgezogen ist. Er hat seine eigene Familie gegründet und der Kontakt zu ihm war bis 2022 beendet. Was danach geschah, war jetzt, dass ich für eine sehr lange Zeit nur mit meiner Mutter zusammen lebte. Es war schon hart, mit anzusehen wie meine Mutter versuchte uns über die Runden zu bringen. Meinen Vater waren wir egal, er verschwand aus unserem Leben. Ich sah ihn nie wieder. Jetzt sind meine Eltern beide tot. Mutter wurde knapp 68 Jahre alt, mein Vater wurde 76 Jahre alt, ich habe ihm verziehen, nicht um seinen willen, nein um meinen Seelenfrieden zu bewahren. Von seinem Tode habe ich über meine Geschwister in Italien erfahren. Ich habe drei Geschwister, zwei Jungens und ein Mädchen. Mein Vater wollte immer viele Kinder haben. Ich finde es grotesk, da er ja noch nicht einmal für mich unterhalt gezahlt hat. Ich bin mit mir am Ringen, ob ich meine halb Geschwister kennenlernen will, ich glaube eher nicht. Ich habe zwar über Facebook kontakt, aber persönlich sind es Fremde für mich.

Fitnesstudios Homophob?

Das Fitgym 24 in Remscheid besuchte ich Nancy Zecca, so 8 Jahre lang, es gefiel mir dort sehr gut. Alle waren dort recht freundlich. Es waren viele internationale Kunden dort. Bis dato war ich noch als CIS-Mann zugegen. Es kam der Umstand dazu, dass ich von einem zum anderen Tag, mich in eine komplett andere Identität verwandelte, es fing schleichend an. Angefangen mit lackierten Fingernägeln. Was anderen, die mir sonst freundlich gesonnen waren, auf einmal mich argwöhnisch anschauten, unbequeme Fragen mir gestellt wurden. Auch die Gym-Leitung attackierte mich mit tuscheln und Gekicher hinter meinem Rücken. Ich erklärte mich, dass ich ein Crossdresser bin. Damit war die Sache zum Teil erledigt. Nach gut einem Jahr, kam mir der Gedanke, mich in meiner Crossdresserbekleidung im Gym erkennen zu geben. Das kam so gar nicht an, bei dem Publikumsverkehr sowie bei der Studiobelegschaft. Es wurde mit der Zeit unerträglich, worauf ich nach nun 10 Jahren gezwungen sehe meine Mitgliedschaft zu beenden. Es versteht sich ja von selbst, dass ich dem Fit-Gym 24 keiner Träne nachweine. Dieses Unternehmen ging zum Glück, zu meiner Genugtuung, schier bankrott.

Bei der Suche nach einem neuen Fitnesscenter ergab sich halt eine Anmeldung bei Mc. Fit, in Remscheid. Derzeit ging ich davon aus, das sei eine gute Idee. Daraufhin war da schon bald so ein schmählicher Beigeschmack gegen Transpersonen wahrzunehmen. Ich hielt 2 Tage aus. Zu meinem Glück ergab sich, dieser Vertrag wurde online abgeschlossen. So bot sich immerhin eine Möglichkeit, ohne Angaben von Gründen, diesen Vertrag unkompliziert zu stornieren. Was ist geschehen: Ebensolche an jenem Platz tätigen Trainer missbilligten mein Erscheinungsbild. Mir wurde jedenfalls geraten, eher in angepasster Bekleidung am Training teilzunehmen, weil man dort Mannsbilder in Damenoutfit hier nicht allzu gerne sehen möchte.

Ich hatte die Hoffnung schon aufgegeben und dachte, das Fitx wird auch nicht besser sein. Doch muss an dieser Stelle ergänzt werden, dass ich mich dahingegen irrte. Zu meinem Erstaunen eröffneten sie mir, mich selbstverständlich auch als Nancy Zecca anzumelden, habe aber hierauf meinen männlichen Namen angegeben. Von den Trainern, einbegriffen dem übrigen Personal, wurde man stets freundlich behandelt, es ist wie eine große Familie dort. Jedoch sind dort, die gleichen Chaoten die einem schon vom Fit Gym 24 her, geläufig waren. Jedoch bin ich unter keinen Umständen, bis zum heutigen Tag, in diesem neu hinzugekommenen Fitnessstudio, unangenehm behelligt worden. Nun, ich bevorzuge die Männerumkleidekabine. Ich bin zwar ab und an geschminkt dort anzutreffen, aber die meisten starren eh nur auf ihr Smartphone oder posen herum, werde quasi kaum beachtet. Entsprechend möchte wohl niemand, den muslimischen Frauen irgendeinen Grund geben, wegen

meiner Erscheinung, in Gestalt eines männlichen Weibsbil-
des, ihre Privatsphäre nicht zu respektieren.

Ich als Transfrau besitze, noch Anstand und Respekt!

Geschminkt zum Fitness

Hin und wieder gehe ich geschminkt ins FitX. Ich finde, es gehört dazu, mich mal ab und an als Transfrau dort sehen zu lassen. Ich bin auf die Reaktionen gespannt. An diesem Tag ist es vor Mittag doch sehr voll, das Studio. Es sind viele ältere Herren dort anzutreffen. Ich fiel den alten Säcken doch sehr auf. Die einen waren mit ihren Blicken zu mir, abwertend auf mich gerichtet. Manche mit den Aussagen wie kann man nur. Ein anderer war so unverfroren, mir ein unmoralisches Angebot zu erweisen. Ich bin dererlei schon gewohnt. Ich sage dann immer, dass ich am Trainieren bin, es gar nicht gut heiße, wenn man mich dabei stört. Ich gerne nach meinem Training mit ihm etwas trinken würde, dann könnten wir ja über den Preis reden. Der Mann war etwas überrascht, das ich so souverän mit der Situation umging. Er gesellte sich zu den anderen Männern. Unsereins hörte, wie einer lachend sagte: »Na, bist du abgeblitzt bei ihr.« Ich schüttelte den Kopf, ging zu dem Mann herüber, er tat mir etwas leid. Ich sagte im vorbei gehen: »Bis gleich dann.« Zwinkerte ihm zu. Der andere Mann sagte zu seinen bekannten: »Wow, aber hallo, wie haste das denn hingekriegt mit ihr?« Er: »Wer kann, der kann.« Er sah zu mir herüber und nickte mir zu, er wollte sich wohl damit bedanken, dass ich ihn aus der peinlichen Lage befreit habe. Mir war nicht der Sinn danach, mich mit irgendeinem Mann hier einzulassen. Ich bin ja auch in einer Beziehung.

Zu meinem Erstaunen sah ich auf einmal einen mir nicht unbekannten jüngeren Mann, auf mich zugehen. Mit einem Ausruf: »Sie trainieren hier auch?« Ich: »Ja sicher, schon vor der Coronazeit war ich hier angemeldet.«

Ich kannte diesen Mann vom wöchentlichen Einkauf. Er ist in einer Nettofiliale beschäftigt. Seit einiger Zeit flirtet dieser junge Kerl mit mir schon. Im Sommer 2022 hat er mir mal vorgeschlagen, mit ihm nach Köln zu fahren und dort Schwimmen zu gehen. Ich sagte dem nicht zu, an diesem Tag war ich schon mit Michael meinem Lebenspartner unterwegs. Ich tat es damals mit dem Spruch ab, dass es draußen schon heiß genug sei, dass es bestimmt mit uns noch heisser enden würde. Das gefiel meinem Gegenüber, die Schlagfertigkeit, die ich an den Tag lege. Aber jetzt zurück, zu der jetzigen Situation. Er: »Da sehen wir uns bestimmt jetzt öfters.« Ich: »Muss ja nicht, wenn es sich vermeiden lässt, ich bin vergeben, das weißt du doch und ab heute hört das Flirten mit uns auf, da du ja jetzt nur noch ein Trainingskumpel bist, wie alle anderen auch.« Er ließ nicht locker, er wollte jetzt doch mehr über mich erfahren, hier könnte man sich ja besser unterhalten als im Geschäft. Ich war schon irgendwie fasziniert über seine Beharrlichkeit. Er entlockte mir, zu meiner Schande so manche Informationen über mich hervor. Es schmeichelt mir ja auch, dass ein so junger Mann mich überhaupt bemerkt, er dazu noch sein Interesse an mir so offen zeigt, dazu ist er ja auch noch von türkischer Zugehörigkeit. Ich verfiel immer mehr seinen Worten, es tat mir gut, nach dem ich zuvor so primitiv angemacht wurde, von den alten geilen Säcken. So dann verabschiedete er sich von mir mit einem: »Wir sehen uns« mit ebensolch symbolischen `Gettofaust´. Er muss ja noch zur Arbeit. Ich muss dazu sagen, das er es noch nicht aufgegeben hat das Flirten, mittlerweile sind wir im Jahre 2023 angekommen, er gibt nicht auf. Irgendwie macht es auch mir Spaß, das ganze, er ist die ganze Zeit, nicht einmal anzüglich mir gegenüber gewesen. Er hat bestimmt eine gute Erziehung genossen. Ich muss eines klarstellen, einlassen würde ich mich keinesfalls mehr, mit irgendjemanden. Sollte es dazu kommen, dass es mit meiner Partnerschaft, mit Micha enden würde.

Zu guter Letzt

Ich bin jetzt endlich bei mir angekommen, ich stehe dazu, wer oder was ich bin. Jetzt bin ich schon im 63. Lebensjahr. Wäre ich kein Diabetiker und dazu 30 Jahre jünger, würde ich es mir doch erlauben, eine Hormonbehandlung zu unterziehen, ob ich mich Operieren lassen würde, ich kann dies nicht beantworten, eine Überlegung und einer Beratung würde ich zustimmen. Ich bin ja als non binäre Person eingetragen. Das heißt ja im Umkehrschluss, dass ich mir meiner wahren Identität, nicht selber bewusst bin. Ich bin eine gespaltene Persönlichkeit. Es kann durchaus sein, dass ich eines schönen Tages, aufwache und es war alles, nur ein schöner Traum. Dies ist meine Geschichte, als Nancy eine Transfrau, die jenseits der Norm lebt und liebt.

Ende

Inhalt